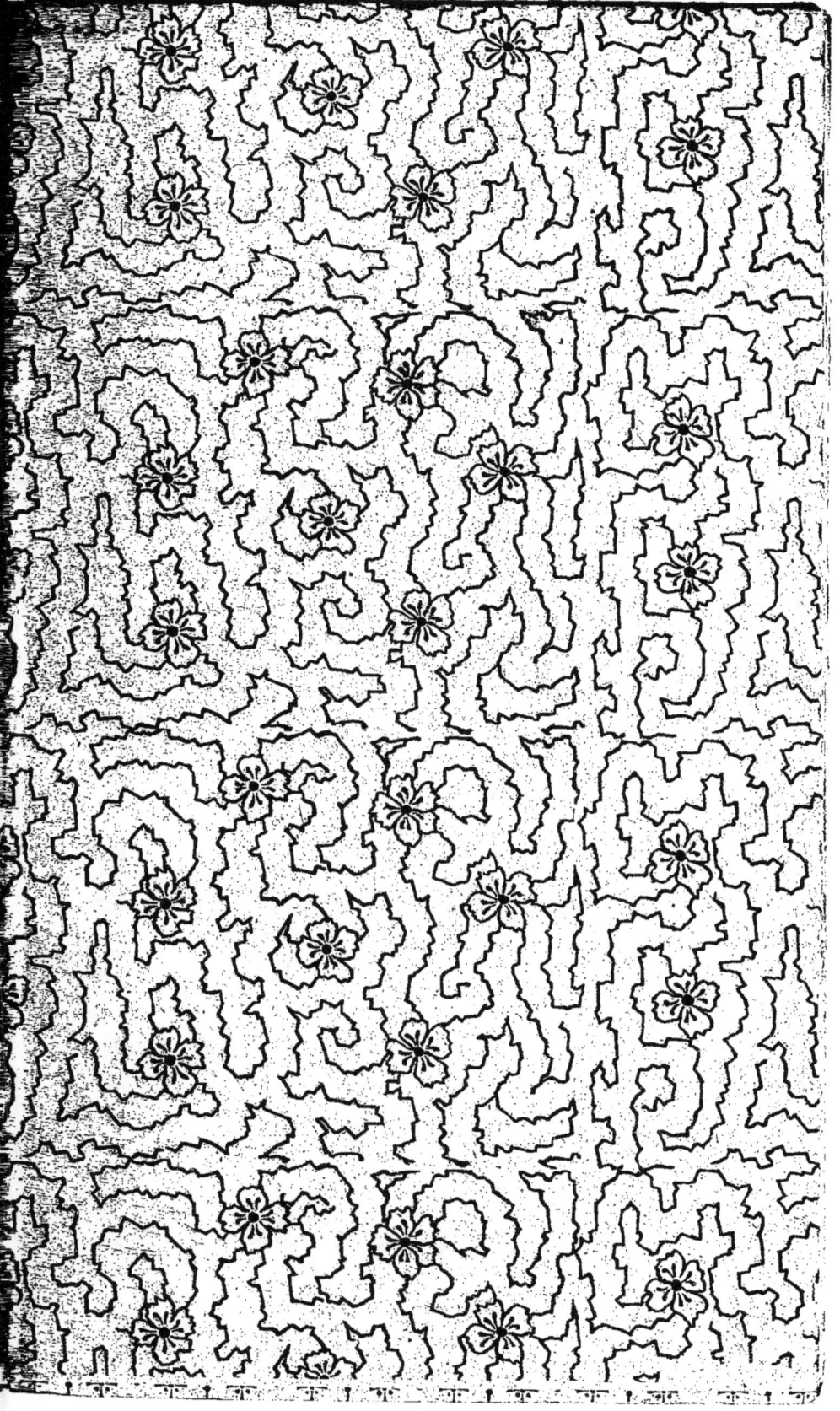

ÉTUDES BIBLIOGRAPHIQUES

SUR LE

PONTUS DE TYARD

DE

J.-P. ABEL JEANDET

Médecin à Verdun en Bourgogne, Membre correspondant des Académies
de Mâcon, Dijon, Troyes, etc.

OUVRAGE COURONNÉ PAR L'ACADÉMIE DE MÂCON
(29 décembre 1859)

MACON
PROTAT FRÈRES, IMPRIMEURS
—
1894

ÉTUDES BIBLIOGRAPHIQUES

SUR LE

PONTUS DE TYARD

DE

J.-P. ABEL JEANDET

*A Monsieur Léopold Delisle,
Membre de l'Institut de France & Administrateur
général de la Bibliothèque Nationale,
Pour le dépôt confié à sa garde &
à sa verve intelligente.
— Hommage de l'auteur de Poète de
Lyon.*

[signature]

TIRÉ A 200 EXEMPLAIRES NUMÉROTÉS

N° 2

MACON, PROTAT FRÈRES, IMPRIMEURS

ÉTUDES BIBLIOGRAPHIQUES

SUR LE

PONTUS DE TYARD

DE

J.-P. ABEL JEANDET

Médecin à Verdun en Bourgogne, Membre correspondant des Académies
de Mâcon, Dijon, Troyes, etc.

OUVRAGE COURONNÉ PAR L'ACADÉMIE DE MACON
(29 décembre 1859)

MACON
PROTAT FRÈRES, IMPRIMEURS

1894

BIBLIOGRAPHIE

ÉTUDE SUR LE XVIᵉ SIÈCLE. — FRANCE ET BOURGOGNE

PONTUS DE TYARD

SEIGNEUR DE BISSY, DEPUIS ÉVÊQUE DE CHALON

PAR

J.-P. ABEL JEANDET

Jeandet (Jean-Pierre-Abel), né le 17 septembre 1816, à Verdun-sur-le-Doubs, ancienne Bourgogne, département de Saône-et-Loire, médecin de campagne, dans un simple chef-lieu de canton, où il accomplissait dignement ses devoirs, aussi pénibles qu'ingrats, du service médical des indigents, s'était fait connaître assez avantageusement par des publications sur la biographie, l'histoire, la critique littéraire, et les sciences médicales, pour figurer dans le *Dictionnaire des Littérateurs et des Savants français contemporains*, par Guyot de Fere. Ce biographe nous fait d'intéressantes révélations sur ce praticien aussi laborieux et instruit que modeste.

« M. Abel Jeandet, écrit M. Guyot de Fere [1], est, dans

---

[1]. Notices biographiques : Jeandet, historien et biographe, — *in Journal des Arts, des Sciences et des Lettres*, nᵒˢ du 14 juin 1859, 15 octobre 1862, p. 349, et *Dictionnaire des Littérateurs français contemporains*, 1863, in-4º.

sa province, un des champions les plus infatigables de la décentralisation intellectuelle, en même temps que la représentation vivante de l'ancien type du franc Bourguignon.

« Il a déployé un zèle et un dévouement dignes des plus grands éloges, pendant l'épidémie du choléra-morbus qui a régné dans le département de Saône-et-Loire en 1854. Par une lettre officielle en date du 10 novembre 1854, le maire de Verdun-sur-le-Doubs lui a témoigné la reconnaissance du conseil municipal, « pour les soins dévoués qu'il a donnés dans cette commune. »

Voici en quels termes un bibliophile de Paris, M. Honoré Bonhomme, a parlé de cet écrivain bourguignon :

« M. Abel Jeandet, savant et spirituel biographe, auteur de plusieurs dissertations et notices fort intéressantes, où le talent de l'homme de style brille à côté de la conscience de l'historien. Il serait à désirer que chacune de nos vieilles provinces fût dotée d'un esprit aussi sage, aussi investigateur, aussi lettré. Combien de richesses archéologiques, historiques et littéraires, enfouies dans la poussière de l'oubli, notre France scientifique recouvrerait[1] ! »

Trois ans après, en 1862, M. Guyot de Fere, qui n'était point en relations avec M. Abel Jeandet, qu'il ne connaissait que par ses écrits, lui consacrait une seconde notice biographique, dans laquelle son bagage littéraire était augmenté de seize publications à joindre au dix-neuf mentionnées dans la première notice. Au milieu de ce menu fretin,

---

1. Œuvres inédites de Piron (*Prose et Vers*), accompagnées de lettres également inédites, et publiées sur les manuscrits originaux, avec une introduction et des notes par Honoré Bonhomme. Paris, Poulet-Malassis et de Brorse, 1859, 1 vol. in-12 de 441 pages.

une pièce de choix attira nos regards : c'était un livre d'assez belle apparence portant le titre placé en tête de ces pages.

Le *Bulletin du Bouquiniste*, d'Auguste Aubry, libraire à Paris, l'annonça, en ces termes, dans son n° 95 du 1er décembre 1860, après en avoir reproduit exactement le titre :

« Un volume in-8° de xij et 240 pages, imprimé avec luxe dans le goût du xvie siècle, par L. Perrin, de Lyon, et orné d'un portrait de P. de Tyard, d'après celui publié en 1555, à Lyon, par J. de Tournes, d'une gravure représentant un jeton allégorique et inédit de 1570, et d'un *fac-simile* d'une lettre de Pontus de Tyard.

« Ce livre, fruit de longues et consciencieuses recherches, n'est point une spéculation, c'est une œuvre d'art et de patriotisme. L'auteur n'y retrace pas seulement la vie inconnue d'un littérateur bourguignon qui a joué un rôle dans le xvie siècle, il y jette un coup d'œil rapide, mais curieux et investigateur, sur la plupart des hommes de cette époque qui ont marqué en France et particulièrement en Bourgogne.

« Ce volume qui se recommande également par le nom de son imprimeur, M. L. Perrin, est appelé, nous n'en doutons pas, à tenir un rang distingué parmi les publications provinciales. »

Le *Bulletin du Bouquiniste* a été prophète, car la presse parisienne et celle des départements confirmèrent ce jugement à l'unanimité; nous pouvons dire en toute vérité que jamais publication provinciale n'a obtenu à Paris et dans la France entière un succès comparable à celui du *Pontus de Tyard* de M. Abel Jeandet. Ce succès a d'autant plus de valeur qu'il ne fut le résultat ni de la réclame, ni de la camaraderie, mais uniquement la manifestation spontanée d'une critique indépendante et consciencieuse.

A la tête de cette légion de critiques d'élite, nous remarquons le docteur Caffe, rédacteur en chef et propriétaire du *Journal des connaissances médicales et pharmaceutiques*, l'un des organes les plus autorisés de la presse scientifique, à Paris. Dans le n° du 30 janvier 1860, le docteur Caffe consacre un premier article au *Pontus de Tyard* d'Abel Jeandet, qu'il fit suivre d'un second, l'année suivante (n° du 20 janvier 1861). Dans ces deux articles, on reconnaît les accents d'une voix indépendante et véridique qui encourage le bien et le beau. Transcrivons ici quelques-unes des lignes écrites par le docteur Caffe après la lecture du livre de son confrère qu'il ne connaissait que de nom et par son *Pontus*.

« Notre honorable confrère Jeandet (J.-P.-A.), médecin à Verdun (Saône-et-Loire), vient de remporter le prix (médaille d'or) décerné en séance publique de l'Académie de Mâcon, qui avait mis au concours la question suivante : « Etude sur Pontus de Tyard, évêque de Chalon et poète « mâconnais, surnommé, de son temps, l'*Anacréon fran-* « *çais*. »

« M. Jeandet a rempli ce programme en donnant à Pontus une physionomie nouvelle : il a montré le poète, le savant, l'évêque catholique et *libre penseur*; reproduisant ses idées très avancées sur la Magie, les Sorciers, l'Astrologie, le mouvement de la terre, etc., etc. Il a groupé autour de son personnage ce qu'il y avait d'illustre parmi ses compatriotes et contemporains.

« C'est ici une œuvre d'art et de patriotisme, une protestation contre le charlatanisme, la littérature futile et rabougrie, contre le mercantilisme de la plume à la journée, à l'heure et à la ligne. L'auteur de *Pontus de Tyard* a plus compté avec sa conscience qu'avec ses intérêts.

« Avec du papier coton et quelques grains d'ultramontanisme, il eût fait, pécuniairement, une passable spéculation; il a préféré écrire un livre vrai, indépendant, et mettre à grands frais de lettres ornées, de portraits et de gravures, une solidarité entre l'imprimeur artiste et l'auteur, de manière à rappeler le siècle auquel se rapporte son livre qui établit, pour la première fois, la part qui revient à l'une de nos plus belles provinces, dans le mouvement intellectuel de la Renaissance, et fournit les plus précieux documents sur l'histoire générale de la France.

« Notre laborieux et savant confrère, M. Abel Jeandet, est un de ces hommes qui honorent la province et qui représente le mieux le franc Bourguignon, et l'utilité de la décentralisation. Les travaux publiés par M. A. Jeandet sont nombreux; il a fait connaître et aimer davantage le pays qu'il habite. L'une de ses dernières publications qui nous fut adressée et insérée dans le *Journal des connaissances médicales* est sa *Méthode pour rendre complète et exacte* l'histoire des hommes et des choses. » — Mars 1858.

Après avoir reproduit le jugement porté sur Abel Jeandet et sur ses travaux par le docteur Caffe, nous éprouvons le besoin de rappeler la haute valeur personnelle de ce savant et illustre praticien. Sa vie entière est un enseignement de morale en actions, et de science pratique. Dans l'impossibilité d'énumérer ici ses titres et ses services, nous renvoyons le lecteur, désireux de connaître cet homme d'élite, aux diverses biographies qui lui ont été consacrées [1].

M. Emile Socard, bibliothécaire de la ville de Troyes, membre de l'Académie de l'Aube, qui ne connaissait M. Abel Jeandet qu'en sa qualité de membre correspondant de cette Société savante, s'empressa de rendre compte de son livre sur Pontus de Tyard, dans le Journal l'*Aube*, dont il était rédacteur (n[os] des 20 et 21 janvier 1861). Voici quelques passages de l'article de M. Socard :

« Après les études consciencieuses et approfondies de M. Sainte-Beuve, intitulées : *Tableau de la poésie française et du théâtre français au XVI*e *siècle*, on sentait le besoin de prendre corps à corps et séparément chaque incarnation de cette époque pour se faire une idée juste du grand mouvement intellectuel, littéraire et philosophique qui s'y est opéré. Pour répondre à ce besoin, l'Académie de Mâcon avait proposé une médaille de 300 francs, à décerner à l'auteur de la meilleure étude sur Pontus de Tyard, poète

---

[1]. Les principales sont les suivantes : I. Biographie du Dr Caffe (Paul-Louis-Balthazard); — Extrait de la *Biographie des hommes du jour*, par Germain, Sarrut et Saint-Edme (t. VI, 2e partie, Paris, Krabe, libraire, 1842, broch. in-8º, 45 pages). Dans cette biographie, on remarque un long extrait d'un ouvrage de morale de Boilly, consacré au Dr Caffe, pour s'être distingué par son dévouement à panser les blessés durant les journées de 1830. — II. Notice extraite du *Panthéon biographique*, sur le Dr Caffe, docteur en médecine de la Faculté de Paris (1833), ancien chef de clinique à l'Hôtel-Dieu, ancien président de la Société médicale d'émulation et de la Société de médecine du 1er arrondissement de Paris, ancien chirurgien au 24e régiment de ligne, chevalier de la Légion d'honneur, de l'ordre impérial du Christ du Brésil, etc., etc., né à Chambéry (Savoie) le 29 décembre 1803. — Cet homme, aussi estimable que distingué, mourut à Paris, en son domicile, le 19 janvier 1876, dans sa soixante-treizième année.

mâconnais..... Il s'agissait donc de retracer la part que P. de Tyard avait prise dans le grand mouvement du XVIe siècle, et en appréciant les œuvres de cet écrivain, soit en vers, soit en prose, de préciser les côtés qui en reflètent les mérites et les défauts, et de joindre à cette étude une courte notice biographique.

« Tels étaient à peu près les termes du programme, et nous pouvons dire tout de suite que M. Jeandet l'a rempli et au delà. Son étude sur le XVIe siècle qui encadre la belle et mâle figure de Pontus de Tyard ne laisse rien à désirer. Il y passe en revue tout ce qui caractérise l'époque de la Renaissance : le Droit, l'Eloquence, l'Histoire, les Beaux-Arts, les Lettres, les Sciences et la Linguistique. Il examine la pléiade à son apparition ; quelles en furent la valeur et l'influence ; enfin, arrivant à Pontus de Tyard, qui fut l'un des astres de la pléiade de Ronsard, il le considère dans sa vie active, comme évêque de Chalon, puis dans sa vie littéraire, comme poète, comme prosateur, comme astronome.

« Dans une appréciation exacte, M. Jeandet sait reconnaître les taches qui viennent projeter leur ombre sur la figure de son héros ; à côté des qualités, il signale les défauts et enlève ainsi à son travail le caractère de panégyrique qui trop souvent prend le pas sur la critique impartiale.

« L'appendice qui suit le VIe et dernier chapitre renferme dans sa quatrième question un point qui intéresse la bibliothèque publique de Troyes : « *Quel a été le sort de la biblio-*
« *thèque de Pontus de Tyard* ? Ici, M. A. Jeandet résume les
« opinions de tous les bibliophiles qui l'ont précédé : le Père
« Claude Perry, Courtépée, C. X. Girault, Gabriel Peignot

« et Harmand. Après les avoir discutées, il raconte, d'après
« des renseignements authentiques et inédits, comment les
« précieux débris des bibliothèques des évêques de Chalon,
« Pontus et Cyrus de Tyard, qui furent achetés, en 1642,
« par l'aïeul de l'illustre président Bouhier, forment aujour-
« d'hui l'une des principales richesses de la ville de Troyes. »

« On le voit, le plan de M. Jeandet était large, et, comme nous l'avons dit, il a été rempli avec conscience et talent. Du reste, voici l'opinion formulée à ce sujet par le sénateur Baron de Chapuys-Montlaville [1], membre des Académies de Mâcon et de Dijon, dans une lettre à l'auteur, opinion qui résume parfaitement notre jugement :

« Je vous adresse bien sincèrement, Monsieur, mes plus
« vives félicitations ; vous avez peint le XVIe siècle sous la
« figure de l'un des noms les plus illustres de ce temps, et
« vous avez montré avec l'érudition d'un savant et l'intel-
« ligence du véritable homme de lettres, les efforts de cette
« charmante pléiade qui a commencé le mouvement pro-
« gressif de la langue française et a préparé les voies à Cor-
« neille, Molière, Boileau, Racine et tant d'autres que nous
« ne pouvons nommer ici sans un juste sentiment d'orgueil.

« J'estime qu'en écrivant la vie de Pontus de Tyard et

---

[1] Benoist-Marie-Louis Alceste Chapuys de Montlaville, né à Tournus (Saône-et-Loire), le 19 septembre 1800, mort le 19 février 1868, dans son château de Chardonnay. Il fut député de Saône-et-Loire, puis sénateur, préfet de la Haute-Garonne, grand officier de la Légion d'honneur, etc., etc. ; il a publié plusieurs des discours qu'il a prononcés à la Chambre, ainsi que les ouvrages suivants : I. *Lettres sur la Suisse*, Paris, 1826, in-8º ; — II. *Histoire du Dauphiné*, 1827, t. I, in-8º ; III. Mazagran, *Relation historique*, 1840 ; — IV. *Lamartine, vie politique et privée*, 1843, etc.

« en l'associant à celle de son siècle, vous avez rendu un
« véritable service aux lettres, à l'histoire et à votre
« contrée. »

« Il n'est pas inutile de signaler sous le rapport bibliographique le cachet d'antiquité imprimé au livre de M. Jeandet, *intus et extra*; c'est un vrai revenant du xvie siècle, auquel on ne saurait faire un accueil trop flatteur : portraits, culs-de-lampe, caractères, lettres historiées et ornementées, division de l'ouvrage, tout revêt l'archaïsme le plus pur, et ressort totalement du commun des livres. Pour donner une idée de la perfection typographique de l'ouvrage de M. Jeandet, nous appelons l'attention sur la lettre qu'il écrivit à son imprimeur ; lettre qui fait si bonne figure en tête du livre sur Pontus de Tyard.

« L'imprimeur, Louis Perrin, de Lyon, a prouvé que l'auteur n'avait pas trop présumé de lui.

« Beau et bon : telle est donc la double épithète que mérite, entre tous, le livre de M. Abel Jeandet.

« *Signé* : E. SOCARD. »

Dans l'impossibilité où nous sommes d'analyser les articles de tous les bibliophiles qui ont entretenu le public lettré du *Pontus de Tyard* de M. Abel Jeandet, nous signalerons seulement ceux dont les noms sont les plus connus et qui ont consacré des articles d'une certaine importance au livre qui nous occupe.

Une des premières places revient de droit à M. F. Fertiault, l'un des doyens de la Société des gens de lettres, auteur d'un grand nombre d'ouvrages en vers et en prose, parmi lesquels nous mentionnerons : *Le Poème des Larmes*, en collaboration avec Mme Fertiault, œuvre pieuse inspirée par la mort prématurée de leur fils unique. — *Les Noëls bourguignons*, de Bernard de La Monnoye, traduits en français pour la première fois, avec le texte patois en regard, précédés d'une notice sur La Monnoye et de l'histoire des Noëls en Bourgogne, Paris, Lavigne, 1842, 1 vol. in-12. — Seconde édition, retouchée et augmentée de documents nouveaux, illustrée de dessins par Bertrand (de Chalon), suivis des *Noëls mâconnais*, du P. Lhuilier, publiés pour la première fois avec une traduction littérale en regard du texte patois, Paris, Locard-Davi et C. Vanier, 1858, 1 vol. in-8°, xxxv-288 pag. — *Les Voix amies, Enfance, Jeunesse, Raison* (poésies), par F. Fertiault et Julie Fertiault, 1 vol., 1864. — *Les légendes du Livre*, 1869. — *Les Amoureux du Livre*, avec préface du bibliophile Jacob, seize eaux-fortes par Jules Chevrier (de Chalon-sur-Saône), in-8°, xxxix-396 pag., véritable bijou de bibliophile, imprimé par Louis Perrin, etc., etc.

M. Fertiault, en sa qualité de compatriote de Pontus de Tyard et de son biographe, a consacré deux articles différents à l'ouvrage qui nous occupe : le premier dans le *Bulletin de l'Union des Poètes*, publié sous sa direction (n^os de mai et juin 1861); le second dans le *Bulletin du Bouquiniste*, d'Auguste Aubry. Il importe de signaler les ouvrages étudiés par M. Fertiault dans le *Bulletin de l'Union des Poètes*, pour faire connaître l'importance des sujets qui font l'objet de sa haute critique. Ce sont : I. Les *dogmes nouveaux*, par Eugène Nus (de Chalon-sur-Saône), Paris, Dentu, 1 vol., 1861 ; — II. *Faust*, tragédie en 5 actes, adaptée à la scène d'après Gœthe, par Ristelhuber, Paris, 1861 ; — III. *Pontus de Tyard*, étude sur le XVIᵉ siècle, par J.-P. Abel Jeandet, Paris, A. Aubry, 1 vol. in-8°, 1860; — IV. *Ce que c'est que la Messe*, par L. Tramblay, 1 vol., 1861.

Parmi ces divers ouvrages, il en est un qui nous intéresse particulièrement, c'est celui de M. Abel Jeandet ; nous reproduirons donc, ici, le compte rendu qu'en a fait M. Fertiault :

« Ce livre que l'Académie de Mâcon vient de couronner, écrit M. Fertiault, est la réhabilitation d'un nom trop oublié ; la remise en lumière d'un astre depuis longtemps éteint de la brillante pléiade de Ronsard.

« Pontus de Tyard fut un des six que fit graviter autour de lui le poète Ronsard.....

« C'est cette vie que M. Jeandet s'est donné la tâche de retracer, en y faisant connaître l'homme, le poète, le philosophe et le prélat, ainsi que le milieu littéraire dans lequel il a vécu.

« Nul n'était plus à même que M. Jeandet d'entreprendre ce travail, et nous devons ajouter qu'il était le seul capable de le mener à aussi bonne fin. Investigateur habile, patient élaborateur, il a su réunir la plus riche collection de matériaux, et le parti qu'il en a tiré lui a valu et lui vaudra les éloges les plus unanimes. Le vieux Pontus pouvait-il tomber entre les mains d'un metteur en œuvre plus judicieux, plus fin, plus clairvoyant que son moderne biographe ? — Tout lecteur de ce livre dira : Non.

« M. Jeandet nous révèle dans sa savante et profonde élucubration une foule de faits ignorés, et cette révélation est le résultat de bien des années de recherches.

« Pour écrire tel détail sur son personnage, notre vaillant

travailleur a fouillé tous les papiers de la famille de Tyard et inventorié des sacs de liasses délaissées, liasses où, pour récompense, le hasard des découvertes lui réservait de magnifiques bonnes fortunes : M. Abel Jeandet sait paperasser comme un bénédictin et il écrit comme le plus spirituel de nos érudits.

« Avec de telles qualités, M. Jeandet a surpris et comblé l'Académie mâconnaise qui avait demandé un mémoire historique et qui reçut un maître livre. Son programme était dépassé de toute la vigueur de l'athlète... et pour notre part nous aurions un travail biographique à présenter à l'Académie de Mâcon, que nous y regarderions à deux fois : il est des antécédents que l'on n'efface pas.

« Nous donnerons une idée des richesses découvertes par notre auteur, en disant que son coup d'œil sur les contemporains lettrés de Pontus nous a valu un tableau complet de la littérature du XVIe siècle en Bourgogne.

« Tout a trouvé place dans ce charmant volume, et l'anecdote fine y côtoie, sans gêne, la dissertation sérieuse et l'analyse approfondie. Il n'est pas une face sous laquelle Pontus de Tyard ne nous soit montré, et lorsqu'on est arrivé à la fin, on peut se vanter de *posséder son homme.*

« Au courant du texte, dressant leurs colonnes déliées au bas des pages, des notes élucident les points obscurs; une table chronologique résume les matières traitées dans le livre, une table alphabétique nous dit les noms propres qui y sont cités, et tout cela sans parler des portraits, des têtes de pages, lettres ornées, fac-similes; sans parler des élégants caractères reproduisant la physionomie typographique de nos vieux livres; sans parler du papier dont la confection solide et la douce teinte concourent encore à cette illusion !

« On voit que M. Abel Jeandet a voulu laisser un double modèle aux bibliophiles, la valeur de la forme répondant à la valeur du fond.

« Quel est donc, pourra-t-on demander, ce consciencieux travailleur ? Dans quelle bibliothèque vit donc ce chercheur infatigable et ce trouveur heureux ? Quelle montagne de livres a donc à sa disposition ce biographe qui sait mettre au jour ce que nul n'a connu avant lui ? Ce travailleur ne vit dans aucune bibliothèque ; il n'a à sa disposition que le petit monticule de livres qu'un amateur éclairé peut amasser pour son usage, lorsqu'il est, comme Abel Jeandet, relégué dans une ville de 1,900 âmes. Ajoutez que l'auteur de *Pontus de Tyard* est loin de posséder tous ses loisirs. Absorbé par une profession dont il sent toute l'importance, il est le docteur de son endroit, et n'ambitionne rien de plus que la modeste appellation — dans son sens patriarcal et dévoué — de MÉDECIN DE CAMPAGNE. Oui, c'est quand il a couru la journée, qu'il s'est levé la nuit, qu'il a visité les ouvriers malades, les enfants souffreteux, les mères pauvres, les vieillards impotents ; c'est en revenant de ses longues courses, de ses tournées aussi fatigantes que désintéressées, qu'en guise de repos, il compulse ses documents et nous prépare quelques-unes de ces pages où la clarté et l'esprit le disputent au savoir.

« S'il est glorieux pour l'érudit d'avoir été couronné, n'est-il pas également glorieux pour l'Académie de Mâcon d'avoir décerné la couronne à un pareil travail ?

« Et la petite ville de Verdun, en Bourgogne, où ce livre

a été conçu et écrit, ne doit-elle pas avoir sa part de fierté ? Une ville n'est jamais indifférente ni étrangère à la gloire de ses enfants !

« Quant à Pontus de Tyard, quel que soit son mérite, il a eu, nous l'avons dit, un grand bonheur d'être rencontré, aimé et reconstitué de la sorte par notre écrivain verdunois. Sans lui, il courait grand risque de rester longtemps encore couché dans le linceul de l'oubli, oubli injuste, sans doute, mais qui ne le recouvrait pas moins.

« Bien heureux les Pontus futurs qui verront venir à leur tombe littéraire de tels exhumateurs ! »

Après le suffrage que le savant docteur Caffe s'était empressé de donner au livre de son confrère, Abel Jeandet, celui-ci fut touché profondément des éloges qu'il reçut d'une autre sommité contemporaine avec laquelle il n'avait pas encore eu l'honneur d'être en relations. Nous voulons parler de Paul-Antoine Cap, l'une des illustrations de la pharmacie française, membre de l'Académie de médecine de Paris et de Belgique, lauréat de l'Institut de France, chevalier de la Légion d'honneur, moins recommandable par ses titres scientifiques et les palmes académiques dont il est décoré, que par la variété et la valeur de ses nombreux écrits.

Par une faveur insigne, il a publié dans le *Journal de Pharmacie et de Chimie*, accrédité dans l'Europe savante depuis un demi-siècle, un article sur le *Pontus de Tyard* d'Abel Jeandet. Cet article ne saurait être mieux placé que dans ce travail bibliographique ; en voici les passages principaux :

BIBLIOGRAPHIE

ÉTUDE SUR LE XVIᵉ SIÈCLE. — FRANCE ET BOURGOGNE

PONTUS DE TYARD, par M. Abel Jeandet, médecin à Verdun-sur-le-Doubs, ouvrage couronné par l'Académie de Mâcon.

« Je demande à nos lecteurs la permission de leur signaler, en quelques mots, un volume que j'ai sous les yeux et qui mérite de fixer leur attention. Bien qu'il semble d'abord étranger à nos études, il est l'ouvrage d'un médecin de province très érudit, qui n'a pas négligé l'occasion de rappeler tout ce que notre art doit aux savants du siècle dont il fait l'histoire littéraire. Il énumère avec intelligence et avec goût tous les efforts que les lettres de cette époque tentèrent dans l'intérêt des connaissances scientifiques, et en particulier des sciences médicales. Les écrits des anciens, après avoir longtemps cédé la place aux commentateurs des siècles précédents et à l'influence des Arabes, commençaient à reprendre faveur. »

Ici notre critique énumère, d'après le livre d'Abel Jeandet, les principaux travaux des médecins du XVIᵉ siècle sur les diverses branches de l'art médical.

« La Pharmacologie française encore dans l'enfance, écrit M. Abel Jeandet, ne comptait à cette époque que deux auteurs, Nicolas Prévost, de Tours (1515), et Jacques Dubois, dit *Sylvius* (1541), quand Brice Bauderon, de Paray, en Charollois, qui se fit remarquer pendant quarante ans comme médecin de l'hôpital de Mâcon, dota la science d'une Pharmacopée (1588), qui fut, durant plus d'un siècle, l'unique *Codex* de France; et M. Abel

Jeandet fait remarquer que Bauderon écrivit en français sa Pharmacopée : chose extraordinaire au XVIe siècle, puisque le Codex est encore de nos jours rédigé en latin.

« On ne saurait donner trop d'éloges à un pareil travail entrepris et mené à bonne fin par un modeste médecin de petite ville, presque sans ressources et sans encouragements, qui, dans son humble sphère, consacre tous ses loisirs, et de la manière la plus désintéressée, à glorifier la mémoire des savants Bourguignons ses compatriotes.

« On voit que le concours ouvert par l'Académie de Mâcon pour une *Etude sur Pontus de Tyard*, évêque de Chalon et poète mâconnais, du XVIe siècle, n'a été pour M. Jeandet que l'occasion de rappeler tous les efforts des érudits et des savants de cette période, et qu'il a accompli cette tâche avec un succès qui lui mérite à lui-même une place des plus distinguées parmi les savants de la Bourgogne.

« Cet ouvrage est intéressant à plusieurs points de vue. Il est d'ailleurs imprimé avec un soin extrême, avec une sorte de luxe qui fait le plus grand honneur au goût de l'auteur; luxe fort apprécié des bibliophiles et qui caractérise tout ce qui sort des presses de M. Louis Perrin, le célèbre typographe de Lyon [1].

« *Signé :* A. P. CAP [2]. »

---

[1]. Qu'il me soit permis de justifier par un précédent cette notice bibliographique dans notre journal : On trouve dans le tome XIX du *Journal de Pharmacie* (janvier 1838, p. 35) une note de M. Planche sur un ouvrage d'Aimé Picon, pharmacien Dijonnais, père d'Alexis, ayant pour titre : *L'Evoireman de loi Peste*. Cette note très intéressante était également littéraire plus que scientifique.

[2]. Ce même article a été reproduit dans le *Journal de Beaune* (Côte-d'Or), n° 44, 29 mai 1861.

Le livre qui nous occupe fixa l'attention de plusieurs académiciens de province. Nous trouvons dans le *Bulletin de la Société des sciences historiques et naturelles de l'Yonne*[1] deux compte rendus assez étendus sur le livre de M. Jeandet, par M. Cholle, président de la Société. (Séances des 3 février et 3 mars 1861.)

« Le livre de M. Abel Jeandet, dit l'honorable rapporteur, est une œuvre vraiment remarquable par l'abondance et l'étude des recherches, par la justesse et l'exactitude des appréciations, et par le savoir et l'intelligence historique. »

Dans un compte rendu très complet, le journal de l'Yonne *La Constitution* (n° du 7 février 1861) termine en ces termes son appréciation du *Pontus de Tyard* de M. Jeandet : « L'auteur de cette intéressante biographie est un simple médecin de campagne, mais qui, à l'exemple de notre ami Prosper Martin, si apprécié de nos lecteurs, unit avec un grand succès, à la pratique médicale, le goût de l'étude, l'amour de la science, l'art du style et le talent de la composition littéraire. »

La Société des sciences historiques et naturelles de l'Yonne s'empressa de ratifier ces jugements rendus sur le mérite de M. Abel Jeandet, en le nommant l'un de ses membres correspondants, dans sa séance du 14 avril 1861, sur la présentation : de MM. Challe, président ; docteur Duché, et Monceaux.

On se ferait difficilement une idée du concert d'éloges qui salua l'apparition du *Pontus de Tyard* d'Abel Jeandet. Nous avons eu la chance de recueillir des lettres intimes

---

1. 15ᵉ vol., in-8°, p. XI-XVI et XXXI.

qui nous fournissent des renseignements inédits pour la bibliographie de l'ouvrage qui fait le sujet de ce travail. Ces lettres sont d'un *maître* qui avait ses entrées dans les *boudoirs de la République des Lettres ;* toutes les deux viennent de Paris ; la première porte la date du 9 janvier 1860 :

« Bravo ! cher et excellent monsieur ! Je suis heureux de voir vos compatriotes rendre un hommage public à votre mérite, solide et modeste, ainsi qu'à l'utilité de vos travaux. Mais vous n'en resterez pas là, croyez-le bien. Votre réputation n'est encore qu'à son point de départ ; elle grandira, elle arrivera au point que vous marquent, à la fois, votre talent sincère et mes vœux bien fervents.

« Quoi qu'il en soit, c'est un vrai triomphe que vous venez d'avoir et auquel j'applaudis des deux mains et du cœur. Que n'êtes-vous à mes côtés pour recevoir de moi l'accolade fraternelle ! Je vous la donnerais avec bien de la joie, je vous assure, en me félicitant tout bas d'avoir été un des premiers, non à deviner votre valeur qui saute aux yeux de tout le monde lettré, mais à constater cette valeur, et à lui donner le baptême d'une publicité dont elle était digne et qui ne fera que s'accroître.

« J'aurai probablement à vous écrire sous peu de jours ; mais j'étais impatient de vous présenter mes félicitations ainsi qu'à Mme Jeandet, qui doit être heureuse et fière de votre beau et légitime succès qui vous chausse du coup les éperons, vous arme chevalier et vous met en selle ; car remarquez qu'un premier prix est la chose la plus enviée et la plus difficile à obtenir d'une Académie où s'agitent d'habitude tant de petites passions et d'intrigues.

« Bravo ! encore une fois, et courage ! L'arène vous est

ouverte, vos armes sont fraîches et brillantes, en avant !
vaillant champion ! et croyez bien qu'aucun regard ne
vous suivra avec plus de sollicitude que le mien !

« *Signé* : Honoré Bonhomme. »

Seconde lettre du même bibliographe parisien à l'auteur
de *Pontus de Tyard* :

« Paris, 9 octobre 1860.

« Cher monsieur, je n'ai point voulu laisser partir ce
courrier sans vous féliciter encore sur votre beau et excellent ouvrage. Je l'ai relu avec un intérêt croissant et je
vous avoue que je ne sais ce que l'on doit le plus louer de
la forme ou du fond : érudition, narration, critique, tout
y plaît, tout y est traité de main de maître. Cependant,
hélas ! je doute qu'on en rende compte dans les grands
journaux et les revues, si, préalablement, vous ne faites
déposer dans les bureaux un ou deux exemplaires ; et
encore ! il n'est pas sûr qu'on obtiendra des articles !

« Quant à moi, je sais *positivement* qu'il faut effectuer
ce dépôt et faire ce qu'on appelle *le service de la presse*.
Heureux, encore ! quand on réussit, à ce prix là, à faire
parler cette grande coquette !

« Je suis contraint de vous dire, à mon grand regret,
que vous n'aurez pas plus d'article de M. de Sainte-Beuve
que je n'en ai eu moi-même, car c'est un égoïste, un cœur
sec et oublieux…

« Quant aux journaux et revues ils pourront vous accorder quelques *mentions*, quelques *annonces*, quelques lambeaux
d'articles, mais ne comptez pas sur un concours franc et

complet de la part de gens qui se tiennent par la main et qui ont érigé en axiome le fameux vers de Molière :

« Nul n'aura de l'esprit, hors nous et nos amis. »

« Encore, pour qu'ils daignent parler de vous, faut-il que vous leur adressiez un exemplaire, *au moins*, de votre ouvrage !

« Cela ne m'empêchera pas de tenter quelques *dénicheurs* en votre faveur, *mais je doute que je réussisse* !

« Bon gré, mal gré, il faudra faire *la part du feu*, c'est-à-dire donner un exemplaire à chaque journal ou revue. »

Des deux lettres qui précèdent, c'est la première qui, malgré les éloges dont elle comble l'auteur de *Pontus de Tyard*, nous paraît moins intéressante que la seconde. En effet, celle-ci a le mérite de nous initier aux minauderies trompeuses de la presse et de nous montrer les *ficelles* qui font mouvoir les critiques littéraires qui, pour la plupart, ne sont rien moins que des juges intègres et équitables.

Les deux lettres précédentes mettent en relief la valeur du livre de M. Abel Jeandet qui a joui du rare privilège d'attirer l'attention de critiques aussi sérieux que ceux dont nous reproduisons les articles dans ce travail bibliographique. Il nous serait facile de l'augmenter de beaucoup d'autres, mais, afin de ne point abuser de la patience des bibliophiles qui prendront la peine de le lire, nous nous en tiendrons aux articles principaux que nous ne pouvons passer sous silence.

Ce sera comme une seconde couronne décernée à l'étude sur Pontus de Tyard par des juges compétents, en dépit des petites coteries dont notre spirituel et savant bibliophile parisien proclamait l'omnipotence.

Nous avons entre les mains un grand journal de Paris, *Le Siècle*, du lundi 19 août 1861, où nous trouvons un article très sérieux, signé : Eugène d'Auriac, relatif à l'ouvrage qui nous intéresse. La notoriété du nom de ce savant nous fait un devoir, que nous accomplissons avec empressement, de reproduire l'article qu'il a consacré au livre du médecin de campagne Abel Jeandet [1].

VARIÉTÉS

ÉTUDE SUR LE SEIZIÈME SIÈCLE

PONTUS DE TYARD, seigneur de Bissy, par J.-P. Abel Jeandet, de Verdun.

« Nos poètes du XVIe siècle sont-ils bien connus ? ont-ils été bien appréciés par les littérateurs modernes ? Nous ne le croyons pas, et l'Académie de Mâcon pensait comme nous quand elle résolut, en 1859, de décerner une médaille d'or de trois cents francs à l'auteur de la meilleure étude sur Pontus de Tyard, poète mâconnais, né en 1521, et

---

[1]. Pour les lecteurs qui ne s'occupent pas spécialement de littérature, nous dirons que M. Eugène d'Auriac appartenait à une famille distinguée et que lui-même s'est fait un nom, comme le prouvent ses titres, de l'un des conservateurs de la Bibliothèque nationale, de membre de la Société des gens de lettres, de président de la Société des études historiques, de membre de la commission de l'inventaire des richesses d'arts de la France, de chevalier de la Légion d'honneur, etc. Cet estimable savant est mort le 21 juin 1891, âgé de 76 ans.

surnommé de son temps l'Anacréon français. Il s'agissait pour elle de retracer le mouvement littéraire du xvie siècle et la part que Pontus y prit, en appréciant les œuvres de cet écrivain, soit en vers, soit en prose ; de s'attacher à en faire connaître les mérites ou les défauts ; enfin de joindre à cette étude une courte notice biographique.

« Tels étaient à peu près les termes du programme, et, hâtons-nous de le dire. M. Abel Jeandet l'a rempli de manière à ne rien laisser désirer. Il a examiné l'homme, le poète, le prêtre, avec conscience et impartialité, et ce travail lui a fourni l'occasion de passer en revue tous les personnages marquants de la Renaissance. Il a enfin accompli sa tâche avec une intelligence, avec une érudition qui le placent désormais au rang des plus distingués parmi les savants de notre époque.

« Pontus de Tyard est une de ces nobles figures qui illustrèrent le xvie siècle, et l'on doit le considérer comme un des astres les plus brillants de cette pléiade dont Ronsard fut le chef.

« Les auteurs modernes ne nous fournissent que des notions vagues et incomplètes sur la pléiade. Quelques-uns mêmes augmentent le chiffre des poètes qui la composaient et le font monter de sept à dix ; mais le témoignage d'un contemporain enlève toute incertitude à cet égard. Nous lisons en effet dans la vie de Pierre Ronsard, par Claude Binet, le passage suivant : « Il aima et estima sur tous, tant pour leur grande doctrine et pour avoir le mieux escrit, que pour l'amitié à laquelle l'excellence de son sçavoir les avoit obligés, Jean-Antoine de Baïf, Joachim du Bellay, Pontus de Tyard, Estienne Jodelle, Remy Belleau... la compagnie desquels, avec luy et Dorat, à l'imitation des sept excellens poëtes grecs, il appela la pléiade, parce qu'ils estoient les premiers et plus excellens par la diligence desquels la poésie françoise estoit montée au comble de tout honneur. »

« Après nous avoir signalé rapidement les principales œuvres de ces hommes de talent, M. Jeandet fait remarquer avec raison que l'une des idées les plus fécondes et les plus heureuses semées dans le terrain de la Renaissance par la pléiade fut celle de l'association appliquée aux travaux intellectuels. Il établit aussi un fait presque inconnu de tous et qu'il est bon pourtant de répandre autant que possible, c'est que l'Académie française est bien antérieure au temps de Richelieu. Il y eut une société de ce nom constituée en 1570, et le cardinal ministre ne fit que redonner la vie à un corps ayant déjà vécu. En outre, l'auteur de *Pontus de Tyard* est dans le vrai lorsqu'il affirme que l'Académie du XVIe siècle n'a pas seulement le privilège du droit d'aînesse sur celle du XVIIe ; elle la surpasse encore par les bases plus larges de sa fondation, et surtout par son caractère moins aristocratique et plus libéral.

« Ce passage du livre de M. Abel Jeandet nous montre l'esprit d'indépendance dont l'auteur fait constamment preuve. En nous racontant la vie active de Pontus de Tyard, il nous le représente d'abord destiné à l'Eglise, puis successivement chanoine de la cathédrale de Mâcon, protonotaire du Saint-Siège, conseiller du roi et son aumônier ordinaire, enfin évêque de Chalon-sur-Saône. Arrivé à l'époque de l'épiscopat de Pontus, il ne craint pas de rappeler quels étaient encore alors les désordres de la cour de Rome en présence des mœurs rigides de la Réforme, puis il constate que l'esprit d'examen se trouve dans tous les esprits élevés.

« Suivant pas à pas son héros, M. Jeandet le fait voir pendant ces temps d'agitation s'attachant à défendre les droits du roi contre la faction de l'Espagne, et par suite constamment en butte aux attaques des ligueurs et des jésuites. En effet, avant d'être prêtre catholique, Pontus de Tyard était chrétien ; avant d'être Romain, il était Français, et il dévoila clairement ses sentiments devant le clergé en déclarant que, dût-il rester seul, il voulait demeurer gallican.

« Jusqu'à ce moment Pontus de Tyard avait méprisé les attaques et les calomnies de ses adversaires ; mais, en présence de cette déclaration, ceux-ci ne gardèrent plus aucun ménagement. On l'accabla d'injures publiquement et par écrit, et un jésuite alla même jusqu'à le traiter d'hérétique. Pour comprendre ce que dut souffrir alors le prélat, il faut lire sa vigoureuse réponse à ses infâmes accusateurs ; il faut lire cette page éloquente dans laquelle, gémissant sur les malheurs de sa triste patrie, il déroulait le tableau des crimes de la *sainte-ligue* et dévoilait d'une main vigoureuse et hardie les menées des fanatiques et des faux dévots, auxquels il arracha sans pitié leur *masque de fer*.

« Assurément, pour l'auteur du livre que nous avons sous les yeux, c'était risquer sa couronne académique que d'aborder un pareil sujet. La question religieuse était en dehors du programme, et l'on sait que messieurs les Académiciens ne se font généralement pas connaître comme des libres penseurs. Cependant M. Jeandet, entraîné par la logique des faits, n'a pas hésité à entamer cette grave question, et il l'a traitée avec autant d'indépendance que de savoir. Ce chapitre de son ouvrage restera comme une intéressante et consciencieuse étude pleine de recherches et de documents curieux.

« L'Académie des sciences, arts et belles-lettres de Mâcon l'a jugé ainsi en décernant le prix au travail qui nous occupe, et nous en félicitons tout à la fois l'Académie et l'auteur. Toutefois nous craignons fort pour ce dernier une fâcheuse compensation à l'honorable récompense qu'il vient d'obtenir. Son langage vrai et sincère, ses sentiments patriotiques doivent l'avoir brouillé à tout jamais, nous ne disons pas avec le clergé, mais certainement avec bon nombre de prêtres qui reprocheraient de nos jours encore à l'ancien évêque de Chalon de s'être montré dans son temps l'apôtre de la tolérance et de l'humanité.

« Pontus de Tyard, intéressant à plusieurs points de vue, mériterait certes d'être étudié avec plus de soin que nous ne le faisons. Il faudrait consacrer de longues pages au récit de cette vie si longue et pourtant si bien remplie. Malheureusement l'espace nous manque ici pour l'analyser, et nous ne pouvons que recommander à nos lecteurs le livre de M. Jeandet. Ils y suivront avec un égal intérêt le poète trop oublié, le savant méconnu, modeste, et le digne prélat.

« Poète et amoureux dans sa jeunesse, Pontus composa, sous le titre d'*Erreurs amoureuses*, diverses pièces de vers que l'on peut ne pas toujours approuver. Cependant il faut lui rendre cette justice qu'il fut aussi réservé que moral dans un temps où la corruption des mœurs exerçait une trop funeste influence sur notre littérature. Si Ronsard, Baïf et du Bellay le surpassent en poésie, on ne peut méconnaître qu'il l'emporte sur eux en profondeur et en érudition. Ses *Discours philosophiques, Solitaire premier, Solitaire second,* viendraient témoigner au besoin de ce que nous écrivons ici. On est heureux de voir là un de ces hommes rares, animés du feu sacré, qui honorent la littérature et la science dont ils comprennent la mission. Philosophe et mathématicien, Tyard y repousse les erreurs de l'astrologie et devance Galilée, en suivant les traces de Copernic. Prélat catholique, il combat l'intolérance et prêche la paix ; enfin, dans sa retraite, il se recueille dans le travail et se met « à « composer des ouvrages sérieux et bien dignes de l'im-« mortalité. »

« Comment ! s'écrie M. Abel Jeandet, au lieu de cette « immortalité qui leur avait été promise tant de fois, les « ouvrages de Pontus de Tyard n'ont-ils reçu que l'oubli ? « Cet oubli, chose bien triste à dire, est peut-être moins le « fait de l'épuration du goût, de la transformation de notre « langue et de l'immense progrès des sciences que de l'im-« perfection de la nature humaine. » Mais, grâce à l'esprit de patriotisme de l'Académie de Mâcon, grâce surtout aux savantes recherches de M. A. Jeandet, Pontus de Tyard va désormais sortir de cet oubli. Bientôt chacun voudra connaître cette haute intelligence, et l'on sera convaincu comme nous qu'elle fut l'âme la plus vivante, la plus complète de la fameuse pléiade qui commença le mouvement progressif de la langue française et prépara les voies à nos immortels écrivains du xviie siècle.

« Disons encore, à l'honneur du *Pontus de Tyard*, que ce n'est pas un panégyrique exempt de critique. Comme forme et comme exécution, l'ouvrage rappelle en outre ses prédécesseurs du temps qu'il fait revivre. Il a été imprimé à Lyon avec un soin extrême, avec une sorte de luxe, et fait le plus grand honneur au goût de l'auteur et aux presses de M. Louis Perrin.

« Eugène d'Auriac. »[1]

Après cette consciencieuse appréciation d'Eugène d'Auriac, sur le *Pontus de Tyard*, d'Abel Jeandet, nous en remarquons une autre signée d'un nom moins connu, parce que le savant qui le porte habite une petite ville, Seurre, dans le département de la Côte-d'Or. Il ne se recommande pas moins par sa compétence sur le XVIe siècle, qui est attestée par deux ouvrages dont les sujets indiquent la valeur; le premier est intitulé : *Juste Lipse — Un publiciste au XVIe siècle*, Paris, Lemerre, 1884, 1 vol. in-18 jésus; — le second : *Un libre penseur du XVIe siècle, Erasme*, Paris, Lemerre, 1889, 1 vol. in-18 jésus[2]. — L'article de M. Amiel sur le livre de M. Jeandet, publié dans le *Journal de la Côte-d'Or*, à Dijon, 17 septembre 1861, était comme enfoui dans la collection de ce journal, lorsqu'on le fit tirer à part, en une petite brochure in-8°, qui est devenue tellement rare que nous n'hésitons pas à l'insérer dans ce travail bibliographique où elle est à sa véritable place, qui mérite d'être une place d'honneur.

---

1. Journal *Le Siècle* — feuilleton du 19 août 1861.
2. M. Emile Amiel, étranger à la Bourgogne, est né dans l'ancienne province du Languedoc. Il est agrégé de l'Université; outre les ouvrages cités ci-dessus, il a publié une remarquable étude intitulée : « *L'Eloquence sous les Césars*, Paris, Furne, 1 vol. in-8°, 1864 (407 pages).

ÉTUDE SUR LE SEIZIÈME SIÈCLE

FRANCE ET BOURGOGNE

PONTUS DE TYARD, seigneur de Bissy, depuis évêque de Chalon, par J.-P. Abel JEANDET, médecin à Verdun en Bourgogne, membre correspondant des Académies de Mâcon, Dijon, Troyes, etc.

Malgré l'indifférence trop générale avec laquelle on accueille aujourd'hui les œuvres sérieusement littéraires, nous sera-t-il permis d'entretenir des lecteurs bourguignons d'un livre composé par un de leurs compatriotes? Nous voulons parler d'une *Etude sur le XVIe siècle* en général, et sur *Pontus de Tyard* en particulier, que vient de publier M. J.-P.-Abel Jeandet, bien connu déjà dans le monde des savants et des bibliophiles. L'auteur et le sujet qu'il a choisi méritent, ce nous semble, au moins une mention.

M. Abel Jeandet, médecin à Verdun-sur-le-Doubs, tout en restant religieusement fidèle aux nobles et saints devoirs de sa profession, sait encore trouver quelques heures pour un travail qu'il aime à l'égal presque de la médecine. Depuis vingt ans, ce travail consiste à grouper et à coordonner les gloires grandes et petites de la Bourgogne où il est né. A Paris, où il contracta cette louable passion, en province, partout où l'appellent le hasard ou la nécessité, il cherche, il fouille, il consulte sans relâche les hommes et les choses, les livres et les parchemins, les médailles et les estampes. Faut-il alors s'étonner que, suivant le mot du poète, son *travail opiniâtre vienne à bout de tous les obstacles*? Aujourd'hui, nous ne craignons pas de le dire, M. Abel Jeandet possède l'histoire de notre province aussi bien, à coup sûr, sinon mieux que la plupart de nos érudits. Chercheur infatigable et passionné, il a, de plus, la main heureuse : telle pièce inédite, inconnue, lui est-elle nécessaire? soyez sans crainte; à force de la flairer, de la suivre à la piste, M. Jeandet la trouvera; son livre en fournit plus d'une preuve. Mais il ne suffit pas de fureter, de classer, de collectionner avec soin : il faut savoir encore utiliser ces jalons précieux, rendre la vie à ces épaves de la mort, et surtout dégager le bon grain de l'ivraie; il faut, en un mot, extraire de ces recherches et de ces trouvailles la *quinte essence,* comme disait Rabelais, quelque chose qui reste, une leçon, par exemple, à l'adresse de notre génération essentiellement utilitaire et positive.

M. Abel Jeandet remplit-il ce programme? On en jugera par la lecture de son ouvrage aussi intéressant que consciencieux et profond. Un mot d'abord sur le personnage qui fait le sujet et comme le fond de ce tableau vivant du XVIe siècle.

Nous sommes trop habitués à ne voir dans ce siècle, pour ce qui concerne les lettres et la philosophie, que les grandes figures de Rabelais, de Montaigne, d'Etienne de la Boétie, de Bodin ou d'Amyot. A côté de ces astres éclatants, il est des astres plus modestes, des satellites plus pâles, mais dont l'influence s'est fait sentir d'une manière favorable encore sur la Renaissance. Pontus de Tyard est un de ces astres trop éclipsés peut-être pour avoir été trop vantés à leur apparition. Né d'une famille distinguée, vers

1521, au château de Bissy-sur-Fley, près de Chalon-sur-Saône, Pontus alla terminer ses études à l'Université de Paris, dont il est inutile de rappeler ici la juste renommée. Il en sortit avec une connaissance approfondie des quatre langues alors classiques, le latin, le grec, l'italien et l'hébreu; c'était l'époque des fortes études. Troisième et dernier fils de Jean de Tyard, il fut, suivant l'usage du temps, destiné à l'Église; ce qui ne l'empêcha point, pour obéir encore à une vieille coutume, de débuter dans la littérature (1548) par un volume de poésie, les *Erreurs amoureuses*, imprimées à Lyon par Jean de Tournes, rival quelquefois heureux des Elzévir eux-mêmes. Dans ce poème où Pontus, au dire de son biographe, le premier en France inaugure le sonnet, il ne faut pas s'attendre au rythme, à l'harmonie, au style enfin de Marot, de Théodore Agrippa d'Aubigné, à plus forte raison du XVIIe siècle. Ce n'est pas que le souffle et l'inspiration poétiques y fassent un absolu défaut, mais la langue en est encore informe, grossière même, ainsi que Pontus s'en accuse quelque part. Et puis, ces plaintes éternelles adressées à l'inhumaine *Pasithée* (la belle Cordière ou la comtesse de Retz?), ces sonnets trop nombreux sur un sujet trop banal, tout cela ne nous intéresse plus guère, depuis que nous connaissons mieux les élégiaques de l'antiquité, depuis surtout que les poètes plus modernes nous ont façonnés à plus de goût, de mesure et de naturel. Mais, pour qui veut pénétrer dans les arcanes de notre poésie à son berceau, pour qui veut avoir une idée nette de notre littérature sous les derniers Valois, les *Erreurs amoureuses* auront tout au moins un intérêt de curiosité. Les contemporains, au reste, ne s'y trompèrent pas, quand ils rangèrent l'auteur parmi les sept astres de la pléiade ; le plus brillant de tous, Ronsard, témoigne en mainte occasion l'admiration sincère qu'il professe pour son collègue et son ami plus âgé.

Définitivement engagé dans les ordres et reçu chanoine de la cathédrale de Mâcon, Pontus, à la devise de ses vers, *amour immortelle*, substitua la devise plus grave et plus caractéristique, *solitudo mihi provincia est*. C'est qu'en effet, bien que par son rang et sa fortune Pontus fût versé dans le grand monde d'alors, ce qu'il aima toujours de préférence, ce fut le calme de la retraite, de la solitude *mère des grandes pensées*, a-t-on dit avec raison. A son château de Bissy d'abord, et plus tard à sa pittoresque résidence de Bragny, le prêtre penseur et philosophe se plaisait à rentrer en lui-même, à cultiver à la fois la science profane et sacrée, et peut-être parvenait-il à y oublier pour un moment la vie sombre et sinistre qui s'agitait autour de lui. De cette méditation solitaire sortirent des œuvres consciencieuses, où sont vaillamment combattues les erreurs de l'époque, l'astrologie judiciaire, entre autres, qui ne disparut pourtant pas avec le XVIe siècle, et la fausse opinion que la terre est le centre autour duquel gravite le monde. Copernic, ne l'oublions pas, n'est que le contemporain de Pontus, et Galilée ne fut condamné que dans le siècle suivant.

Grâce à notre ignorante paresse, nous sommes trop enclins à ne nous souvenir que des grands metteurs en œuvre, et nous passons volontiers sous silence les travailleurs ignorés qui n'ont fait que semer pour des moissonneurs plus heureux. C'est une injustice que M. Jeandet a mise au jour avec son infaillible sagacité de bénédictin : grâce à lui, la Bourgogne pourra désormais revendiquer à bon droit une bonne part dans la splendeur de la Renaissance.

« Pontus de Tyard, dit-il, est une illustration purement « bourguignonne. Presque tous ses ouvrages ont été com- « posés à Bissy, à Mâcon ou à Bragny, et la plupart ont « été imprimés à Lyon, aux portes de Mâcon (p. 92). » Au reste, sans entrer ici dans des détails qu'on fera mieux de chercher dans son livre, qu'il nous suffise de dire que Pontus était en relations avec les premières intelligences de la province, avec Etienne Tabourot, l'aimable seigneur Des Accords, l'une des gloires dijonnaises, dont les érudits n'ont pas oublié les facétieuses *Bigarrures* et *Escraignes*; avec le fameux Amyot que l'évêché d'Auxerre a presque naturalisé bourguignon.

A côté du poète il y a dans *Pontus*, pour citer encore M. Abel Jeandet, le sage, l'ami de la vraie religion, de la philosophie et de la science, et, ce qui peut-être est plus rare, il y a l'homme. Quand on se reporte par la pensée à cette virile époque du xvie siècle, dont il faut sans doute flétrir les excès, mais dont il faut au moins reconnaître l'énergie, quand on se rappelle surtout que l'on vivait alors en commerce intime et journalier avec les anciens, l'on n'a pas de peine à concevoir que les âmes fortement trempées du temps fussent tout d'une pièce. Est-il besoin de citer le type même de ces grandes personnalités, L'Hospital, le *Justum ac tenacem propositi virum* d'Horace ? Eh bien ! Pontus, à un moindre degré assurément, sut, à l'exemple de l'illustre chancelier, garder au milieu des orages et des crimes ce calme et cette sérénité qui n'appartiennent qu'aux âmes d'élite. Défenseur et conseiller d'une royauté faible ou coupable, élu des Etats de Bourgogne où la Ligue comptait de redoutables partisans, évêque catholique enfin, il ne s'écarta jamais de cet esprit de justice, de tolérance et de charité qui distingue le chrétien, mais que les sectaires de tous les âges dépouillent trop vite aux jours de trouble et de discorde. Calomnié par les meneurs forcenés de la Ligue, par les jésuites particulièrement, chassé même par eux de son siège épiscopal, Pontus ne se départit point de ses principes et de la fidélité qu'il devait au roi légitime. Retiré dans son château de Bragny, après l'assassinat de Henri III, il défendit toujours le droit et la bonne cause dans la personne du Béarnais qui ne le paya pas d'ingratitude. En lui se personnifia, en quelque sorte, le parti des Politiques, c'est-à-dire des hommes modérés qui, forts de leur conscience et restés purs de tout excès, finirent, en dépit de la haine et de la persécution, par inaugurer en France une ère de paix et de prospérité. Vieux et las du monde, tout à Dieu et à la science, le bon évêque attendit, dans sa belle et paisible demeure des bords aimés de la Saône, la fin d'une carrière noblement remplie : il s'éteignit à l'âge de quatre-vingt-quatre ans (1605), estimé de ses ennemis mêmes, regretté et vénéré de tous, et laissant à sa famille un nom qu'elle porta dignement après lui.

Tel est l'homme que M. Jeandet nous a peint avec cette vivacité de touche et de coloris qui distinguent les maîtres. Il est malaisé de porter plus loin l'amour et le culte de son héros, héros modeste, à coup sûr, mais qui n'est pas indigne d'une aussi savante résurrection. Ce n'est pas que M. Jeandet admire sans réserve et les yeux fermés l'homme et les œuvres dont il nous a rendu compte. Nullement ; en critique instruit et sûr de lui, il nous les donne pour ce qu'elles valent, pour des œuvres imparfaites, mais où se reflète un pur rayon de la Renaissance. Il nous a révélé ce que nous devions savoir, la part qui revient à la Bourgogne dans l'œuvre multiple de cette célèbre époque. De plus, pour nous apprendre comment aux heures difficiles on garde sa valeur et sa dignité, il nous offre l'image ressemblante d'une âme peu vulgaire. La province à la gloire de laquelle il consacre ses veilles lui en saura-t-elle gré ? voudra-t-elle encourager ses généreux efforts ? Espérons-le. Aussi bien, un livre comme le *Pontus de Tyard* fait assez bonne figure dans une bibliothèque quelconque.

Quant à nous, heureux de trouver loin de Paris et livré à ses seules forces un travailleur aussi patient, nous le prions d'accueillir ici l'assurance de notre sincère et chaude estime. Lorsqu'on voit autour de soi les hommes courir presque tous après l'or et ses jouissances, l'on n'est pas médiocrement surpris de découvrir dans une ville de 1,900 âmes un amateur passionné de la bonne et saine érudition. On doit s'attacher à de telles exceptions, s'intéresser à leur succès. C'est ce qu'a senti l'Académie de Mâcon, lorsqu'elle a couronné cette étude le 29 décembre 1859, ainsi que l'Académie des inscriptions et belles-lettres, lorsque, au mois passé, elle l'a jugée digne d'une mention honorable. C'est ce que comprendra, nous n'en doutons pas, la presse sérieuse, quand elle aura jeté les yeux sur ce livre, modèle à la fois de luxe et de science, et imprimé avec le bon goût particulier à Louis Perrin, de Lyon. Elle commence à le comprendre, et nous ne sommes pas le premier à signaler le *Pontus* de M. Jeandet. Dans ses numéros de mai et de juin de la présente année, *l'Union des Poètes*, par la plume de M. F. Fertiault, a dignement apprécié l'œuvre et l'auteur. Nous trouvons dans les *Archives du Bibliophile*, n° 41, un article plus flatteur encore de M. Antony Méray. Le *Journal de Beaune* du 29 mai a dit et relaté quelques mots élogieux sur l'œuvre qui nous occupe en ce moment. Enfin nous avons eu le bonheur de voir, dans le *Siècle* du 19 août dernier, M. Eugène D'Auriac consacrer quelques lignes senties et méritées au livre que l'Académie venait de distinguer. Il fallait donc que la presse de Dijon, où M. Abel Jeandet a des amis, rompît à son tour le silence.

« Emile AMIEL [1]. »

Si notre spirituel bibliophile parisien, M. Honoré Bonhomme, s'est préoccupé de la destinée du livre sur Pontus de Tyard, il a dû être fort surpris du succès qu'il a obtenu, même à Paris, sans le secours des réclames vulgaires et stipendiées.

Nous le voyons entre les mains d'un *grand* juge, pour ainsi dire, un maître, Antony Méray, l'auteur aussi érudit qu'attachant d'ouvrages qui, par l'intérêt et l'originalité des sujets, lui assignent une place à part et des plus distinguées parmi ses contemporains. Il nous suffira de faire

---

1. Extrait du *Journal de la Côte-d'Or*, — 61e année, mardi 17 septembre 1861. — N° 112.

connaître les titres exacts de ces ouvrages dont la seconde édition forme quatre beaux volumes in-8°, qui, outre leur mérite réel, font le plus grand honneur au goût artistique de l'auteur. La première édition de ces ouvrages date des années 1873, 1876 et 1878.

I. — *La vie au temps des Trouvères, croyances, usages et mœurs intimes des XIe, XIIe et XIIIe siècles*, d'après les lois, chroniques, dits et fabliaux, par Antony Méray, auteur des *Libres Prêcheurs, devanciers de Luther et de Rabelais.* — Se vend : à Paris et à Lyon en la boutique de A. Claudin, libraire, 1873, 1 vol. in-8°, 329 pages.

II. — *La vie au Temps des Cours d'Amour, croyances, usages et mœurs intimes des XIe, XIIe et XIIIe siècles*, d'après les chroniques, gestes et fabliaux. — Paris, id., 1876, 379 pages.

III-IV. — *La Vie au Temps des Libres prêcheurs, ou les devanciers de Luther et de Rabelais*, seconde édition entièrement refondue et considérablement augmentée. — Paris, *ibid*. Deux volumes in-8°; le 1er vol. de 301 p., le 2e de 297 p. — Ces ouvrages sont des modèles comme exécution typographique et comme choix du papier. Ce sont de véritables bijoux de bibliophiles, bandeaux en tête de chaque chapitre, culs-de-lampe, lettres ornées, reproduction de vignettes anciennes, etc., etc.

Antony Méray, après avoir lu et relu le *Pontus de Tyard* de M. Abel Jeandet, lui a fait l'honneur de le signaler à l'attention des lettrés et des penseurs en lui consacrant deux articles, l'un dans le journal *L'Opinion nationale*[1],

---

[1]. Rédacteur en chef A. Gueroult. N° du 20 octobre 1861. Sous ces titres : *Variétés*. Etude sur le XVIe siècle. *Pontus de Tyard*, par M. Abel Jeandet. — *Un Evêque libéral au temps de la Ligue.*

l'autre dans les *Archives du Bibliophile, Bulletin de l'Amateur de livres et du libraire*. Nous reproduisons ici ce dernier article qui est digne de figurer dans ce travail ; il a des différences sans importance avec celui de *L'Opinion nationale*, par le même auteur.

ÉTUDE SUR LE SEIZIÈME SIÈCLE

FRANCE ET BOURGOGNE

PONTUS DE TYARD, seigneur de Bissy, depuis évêque de Chalon, par J.-P. Abel JEANDET, ouvrage couronné par l'Académie de Mâcon. In-8º avec portraits, figures et fac-simile, titre rouge et noir, imprimé en caractères antiques, par L. Perrin, de Lyon.

Il faut louer surtout, dans les hommes du XVIe siècle, l'étendue de leurs curiosités, l'ample vigueur de leurs recherches et leur inquiétude philosophique à l'égard des traditions du passé. Entre eux et les hardis investigateurs du XVIIIe siècle, il y a une analogie évidente ; les penseurs des deux époques semblent se tendre la main par dessus la tête des pompeux formalistes taillés au goût de Louis XIV, qui les séparent de tant d'années. Les amis de la grande Marguerite d'abord, et successivement les grands prosateurs du milieu du siècle, jusqu'à Montaigne et à Charron, tous ces athlètes des aspirations nouvelles nous apparaissent trempés pour l'œuvre qu'ils ont à accomplir. Ils se suivent avec ordre et à rangs serrés, marchant, avec une noble émulation, à l'assaut de toutes les conquêtes de l'intelligence.

Les bibliophiles savent que les œuvres des grands noms de cette époque sont, pour la plupart, de véritables encyclopédies. Ces vieux maîtres ont eu à cœur d'ajouter à la parcelle de vérité qui leur a été transmise; les errements de leurs ancêtres ne leur suffisent plus. Ils portent courageusement leurs regards à l'horizon, ils scrutent les profondeurs du ciel, et pressentent l'avènement du télescope qui, brisant les clôtures imaginaires, va peupler l'infini de soleils, de planètes et d'humanités sans fin. Ils ont déjà scrupule à regarder la terre comme le centre du monde, à en faire le but unique des efforts divins.

Au nombre de ces intelligences avides de savoir, il faut placer la noble figure dont le portrait nous est fidèlement restitué aujourd'hui par M. Abel Jeandet. Dans ce siècle si laborieux, Pontus de Tyard a eu lui-même une existence active et parfaitement remplie; toutes les stations de la vie humaine, naturellement suivie, ont été par lui marquées et glorifiées. Poète et amoureux dans sa jeunesse, il employa son âge mûr aux graves problèmes de la science, et l'étude des lois divines réchauffa les jours de sa vieillesse, jours si tristes pour ceux que n'embrasent pas les curiosités d'en haut.

M. Jeandet a eu la main heureuse en choisissant une telle vie pour sujet de son examen; il a eu raison de se passionner pour cette étude biologique. Pontus de Tyard méritait assurément cette attentive exhumation. Sans avoir laissé de traces bien nettes, bien lumineuses, l'évêque de Chalon-sur-Saône, dont le rôle est à peu près oublié, fut, à mon avis, l'âme la plus vivante, la plus complète de cette pléiade à laquelle appartenaient des noms plus retentissants. Son originalité à lui était d'être universel et de planer, d'un vol égal, sur toutes les hautes préoccupations de son temps.

Pontus aimait surtout les sciences. Le mouvement de la terre, la situation des étoiles, le but final des créations supérieures l'occupaient et le passionnaient, malgré le peu de renseignements qu'il pouvait tirer des rêveries astronomiques de ses contemporains. Il se laissait souvent entraîner par les charmes de ses hypothèses, au point d'en oublier l'heure de ses repas. Ainsi, dans le premier des *Deux discours de la nature du monde*, dont les feuillets sont ouverts sous mes yeux, je lis qu'en raisonnant avec le *Curieux* sur ces entraînantes questions, l'évêque philosophe fut tiré de ces graves préoccupations par un page qui venait l'avertir *de l'arrivée d'une compagnie à laquelle il donnait à souper, et de la nuict survenue*.

« — Comment, Hiéromnime (ajoute-t-il), aura donc
« tant d'efficace la docte et diserte langue du Curieux,
« qu'elle trompe notre faim ? — Vrayement, respondit
« Hiéromnime, j'estimerai tousjours la vie heureuse qui se
« nourrira d'une si douce viande, et confesse franchement
« que mon estomach n'avoit garde de s'ouvrir l'appétit, ce
« pendant que l'esprit se repaissoit d'une tant délicate
« nourriture. »

A cette soif de vérité qui le mettait en quête de toutes les sources vives, Pontus de Tyard avait acquis une modestie rare et cette auréole de sérénité qui ceint le front de tous ceux que distinguent cette élévation du point de vue.

L'excellent livre de M. Jeandet nous le montre à ses débuts, rimant les sentiments de ses passions juvéniles, avec ce premier jet franc et presque rude qui a tant d'analogie avec la robuste langue que Montaigne allait bientôt adopter.

Nous voyons le jeune poète de Bourgogne entouré et aimé des plus illustres de ses contemporains, dont son savant biographe nous esquisse les physionomies à grands traits. Pontus tient avec honneur sa place dans *cette belle guerre que l'on entreprit contre l'ignorance*; si Ronsard, Joachim du Bellay l'emportent sur lui par la beauté de la forme, lui-même dépasse tous ces rivaux en profondeur et en érudition.

Le mérite de M. Jeandet, dans cette restauration d'une mémoire chère à son pays, c'est d'avoir trouvé pour son œuvre des documents inédits, c'est surtout d'avoir choisi ses révélations dans les feuillets épars où Pontus a parlé de lui-même. Ce soin patient donne à son livre un inappréciable cachet de vie et de vérité. On se plaît à voir cet ancêtre au grand type venir à chaque instant confirmer de sa propre bouche les détails de son portrait.

Après les périodes poétiques, vient l'âge de l'action réfléchie ; Pontus de Tyard recueille alors les fruits de son harmonieuse jeunesse. Son amour précoce du bon et du beau lui a donné la douce vertu de tolérance et l'amour de la concorde.

Les violences de la Ligue, dont le mot d'ordre partait de Rome, répugnent, chose étrange, à cet homme qui est prêtre et évêque; par sa douceur évangélique et la hauteur de son idéal d'équité, il devient suspect d'hérésie aux yeux des catholiques outrés, à ceux mêmes de ses propres ouailles.

Dans les lettres citées par M. Jeandet, nous le voyons se défendre vertement de cette suspicion étrange, mais ses protestations sont à peu près inutiles; il reste prouvé que, contrairement à l'opinion des pontifes romains, il préfère la cause du roi légitime, celle du Béarnais, à celle de Mayenne. C'est qu'il y a des époques où le sentiment du juste se voile chez ceux qui sont chargés de l'enseigner, et où toutes les consciences droites passent aux yeux de la foule pour des consciences d'hérétiques. Si Pontus de Tyard n'était pas du côté de l'hérésie, il était bien ce qu'on nommait alors un *politique*, c'est-à-dire un de ces Français loyaux que les prédicateurs de la Ligue, les Boucher, les Jean Guérin, les Lincestre, affectaient de confondre avec les Huguenots.

Ce joyau divin de la tolérance, que l'évêque de Chalon portait plus ostensiblement que l'améthyste de son anneau pontifical, semblait accuser les emportements du fanatisme ultramontain qui faillit perdre la France et la jeter dans les filets du sombre Philippe II. Cette lutte, où sa liberté fut plusieurs fois en péril, avait désolé le prélat libre penseur. Aussi, dès que la conversion d'Henri IV eut ramené la paix, Pontus, las de lutter contre la sottise publique, se hâta de faire donner la survivance de son turbulent diocèse à son neveu Cyrus de Tyard; lui-même gagna, à toutes jambes, les ombrages de sa charmante retraite de Bragny pour y reprendre le cours de ses études interrompues.

L'intéressant volume de M. Abel Jeandet est un travail couronné. En lui décernant une récompense, l'Académie de Mâcon a, cette fois, acclamé un livre bien supérieur à la plupart de ceux que distingue, chaque année, l'Académie française elle-même. Sorti des presses de l'habile imprimeur Louis Perrin, de Lyon, ce beau volume est typographiquement un bijou de bibliophile; ce n'est pas là un mérite à dédaigner, surtout lorsque le fond est d'accord avec la forme.

Les pages de cet ouvrage sont clairement écrites; le travail d'érudition n'y pèse pas au lecteur; les matériaux sont bien enchâssés dans le cadre général, et les pièces justificatives y viennent toujours à point nommé.

En écrivant cette biographie précieuse aux lecteurs de son pays, M. Abel Jeandet a fait un livre intéressant pour tous les bibliophiles qui aiment à se promener dans les vieux souvenirs de la France. Les chapitres où il esquisse le mouvement littéraire du milieu du xvie siècle et le réveil produit par la pléiade sont pleins d'agrément, les appréciations en sont naturellement justes et les rôles s'y trouvent parfaitement assignés à chacun des concurrents de Pontus et de Ronsard. Je ne regrette là qu'une chose, c'est qu'en rendant compte des ouvrages en prose de Pontus de Tyard, M. Jeandet n'ait pas fait sentir, par le contraste des richesses actuelles, la pauvreté du petit cercle scientifique dans lequel cette belle intelligence était réduite à s'agiter.

Il fallait, ne fût-ce qu'afin de garantir le lecteur vulgaire d'une docilité trop naïve pour les Genèses antiques, armer en imagination un pareil chercheur d'un de nos puissants télescopes, et indiquer la soudaine révolution qui se fût opérée dans ses idées. En constatant la pénurie expérimentale de son époque, si rudement fustigée dans le *De vanitate Scientiarum* de Cornelius Agrippa, M. Jeandet ne diminuait en rien la taille de son héros, qui n'en demeurait pas moins un merveilleux investigateur. Son œuvre seule restait amoindrie des erreurs involontaires qu'y glissèrent les fausses données d'un univers restreint par l'ignorance humaine à de misérables proportions. Il est bon du nous habituer à tirer un enseignement grave de toutes nos études, et l'on doit, à mon avis, changer, dans la mesure du sujet, un spectacle fragmentaire en spectacle général.

On peut le dire d'ailleurs avec certitude, si Pontus de Tyard eût assisté aux splendides découvertes de Galilée, il se fût dressé avec fermeté contre la décision qui condamna ce Messie de la science astronomique, ce révélateur d'une base plus sûre à des hypothèses plus vraiment religieuses ; il eût protesté courageusement comme il protesta contre la bulle qui condamnait l'hérétique Béarnais.

Antony Méray [1].

<small>Auteur de *la Vie au temps des Trouvères et des Cours d'amour*, etc., etc.</small>

Parmi les nombreux articles qui furent consacrés au *Pontus de Tyard* de M. Abel Jeandet, nous ne pouvons passer sous silence celui que Vapereau, auteur du *Dictionnaire universel des contemporains*, a publié dans son *Année littéraire et dramatique*, ouvrage plus sérieux et plus durable qu'un journal quotidien. Cet habile critique a prêté une attention toute particulière au livre dont nous écrivons l'histoire. On pourra en juger par l'extrait suivant du chapitre 8, intitulé : « *Travaux particuliers d'érudition littéraire. — L'Epopée au moyen âge et le Sonnet au XVIe siècle. MM. Le Court de la Villethassetz, Talbot et Jeandet.* »

« . . . .
Les monographies consacrées aux noms les plus oubiés de

---

[1]. Extrait des *Archives du Bibliophile*, n° 41, 1861, pages 79-83. — Paris, A. Claudin, libraire-éditeur.

l'histoire des lettres ont encore leur intérêt, lorsqu'elles sont le fruit de recherches consciencieuses. Elles font revivre une époque dans un homme qui, pour n'en être pas resté la personnification aux yeux de la postérité, n'en résume pas moins les caractères et la physionomie. Tel est l'intérêt d'une étude sur le xvie siècle, publiée par M. J.-P. Abel Jeandet, médecin à Verdun, sous ce titre : *Pontus de Tyard*, seigneur de Bissy, depuis évêque de Chalon. (Paris, A. Aubry, 1860, in-8°, 240 p.)

« C'est un travail entrepris par un Bourguignon en l'honneur de la Bourgogne : il tend à déterminer la part de cette province dans le mouvement littéraire de la Renaissance. L'auteur, membre de plusieurs Sociétés savantes, a vu son ouvrage couronné par l'Académie de Mâcon, et l'on a prononcé à son occasion le grand mot de décentralisation littéraire. Depuis, l'Institut de France (Académie des Inscriptions et Belles-Lettres) a décerné à cette publication une mention honorable.

« L'auteur avait prouvé que le goût des recherches savantes peut aussi bien fleurir à Verdun en Bourgogne qu'à Paris, et les merveilleuses presses de M. Louis Perrin, de Lyon, lui ont permis de satisfaire, en province, sa passion de bibliophile, en faisant revivre Pontus de Tyard dans des conditions typographiques qui rappellent l'art du xvie siècle.

« M. Abel Jeandet n'a pas la prétention de trouver dans Pontus de Tyard plus de grâce, plus de fraîcheur, plus d'ingénieuse subtilité que dans ses notables contemporains. Il laisse chacun des poètes de la pléiade à sa place ; seulement il en réclame une pour son compatriote, et la lui fait de son mieux. Il traite en passant la question du sonnet ; c'est un grand débat entre les érudits, et c'est le cas de dire avec Horace :

« Quis tamen exiguas elegos emiserit auctor,
« Grammatici certant.................

« Pontus de Tyard ne doit-il pas être regardé comme le premier introducteur en France de ce joyau poétique ? Ronsard, au dire d'Etienne Pasquier, lui attribuait déjà cet honneur; mais Etienne Pasquier ajoute que Ronsard se trompait, et il cite Du Bellay comme l'auteur des premiers sonnets français. D'autre part, comme M. Sainte-Beuve le rappelle, Du Bellay lui-même attribuait l'introduction du sonnet à Mellin de Saint-Gelais. Entre ces divers témoignages, M. Abel Jeandet préfère naturellement celui qui fait le plus d'honneur à son auteur favori, et il pense que Ronsard doit avoir sur cette question une autorité décisive,

« Or Ronsard a dit :

« Presque d'un temps le même esprit divin
« Dessommeilla Du Bellay l'Angevin
« Qui doucement, sur la lyre d'ivoire
« Acquit en France une éternelle gloire.
« ....
« Longtemps devant d'un ton plus haut que lui,
« Tyard chanta son amoureux ennui. »

« Les dates prouvent que les sonnets de Du Bellay et ceux de Mellin de Saint-Gelais n'ont paru qu'après le recueil des *Erreurs amoureuses* de Pontus de Tyard, publié en 1548. Il faut donc substituer le nom de ce poète à celui adopté par M. Sainte-Beuve, dans cette phrase sur le sonnet : « Du Bellay est *incontestablement* le premier qui fit « fleurir le genre et greffa la bouture florentine sur le chêne « gaulois. » A ce changement près, la charmante phrase, comme dit M. Abel Jeandet, est irréprochable. »

« Cette petite restitution historique suffirait pour donner un intérêt littéraire à une publication savante faite à tant d'égards pour séduire les érudits et les bibliophiles [1]. »

La question relative à l'introduction du sonnet en France a fourni le sujet d'une lettre signée A. V., qui fut publiée dans le *Chasseur bibliographe, Revue littéraire, bibliographique, critique*, etc. Rédigée par une société de bibliographes et de bibliophiles, etc., n° 5, mai 1862. — Paris, François, libraire, rue Bonaparte, 1862, in-8°.

L'auteur de la lettre précitée révèle *sous toutes réserves* l'existence, dans le cabinet de M. Double, d'un exemplaire des œuvres de Saint-Gelais (le seul connu, dit-on). *Lyon, J. de Tournes, 1547, in-8°* (sic). Ce volume aurait été acheté 1.600 francs à la vente Solar.

Quatre années après sa mise au jour, le *Pontus de Tyard* d'Abel Jeandet attirait encore l'attention d'un critique des plus compétents, M. Alphonse Feillet, de Paris, historien distingué, auteur d'un livre intitulé : *La misère au temps de la Fronde et saint Vincent de Paul*, travail que l'Institut national de France couronna.

La notoriété de M. Feillet et la valeur de l'article qu'il

---

[1]. Extrait textuel de l'*Année littéraire et dramatique* ou *Revue annuelle des principales productions de la littérature française*, etc., par G. Vapereau, 4e année, pages 284-287. — Paris, librairie L. Hachette et Cie, 1862, 1 vol. gr in-18 de 535 pages.

consacra à l'ouvrage qui nous occupe assignent une place d'honneur à son travail dans cette bibliographie ; c'est avec empressement que nous la lui donnons :

REVUE HISTORIQUE MENSUELLE

La Province et son Histoire dans les publications parisiennes.
L'Histoire générale de la France et ses Sources dans les publications provinciales.

PONTUS DE TYARD, évêque de Chalon ; étude sur le XVIe siècle en France et en Bourgogne, par M. Abel JEANDET, médecin à Verdun, en Bourgogne ; 1 vol. in-8°. — Paris, A. Aubry, 1860.

I

« L'examen des livres couronnés par l'Institut, et qui traitent de la province, nous amène aujourd'hui à parler de quelques-uns de nos collaborateurs, dont plusieurs sont nos amis ; ce serait une tâche difficile si notre public ne les avait déjà appréciés ou ne devait les apprécier à leur juste valeur ; d'ailleurs, nous n'avons pas besoin de leur distribuer des éloges : nous dirons ce que contiennent leurs livres, et lecteurs et auteurs ne peuvent qu'y gagner.

« En 1860, l'Académie des sciences, arts, belles-lettres et agriculture de Mâcon couronnait une étude sur Pontus de Tyard, mise au concours par elle, et l'année suivante, l'Académie des Inscriptions et Belles-Lettres confirmait ce jugement en honorant de ses suffrages, dans le concours des antiquités nationales, le livre de M. Abel Jeandet.

« L'auteur, en effet, ne s'est pas contenté d'écrire une notice biographique pour répondre à un programme, comme les travaux que nous signalions dans une de nos dernières revues à propos de Fabert, il a fait une œuvre magistrale et qui restera comme un des meilleurs travaux de la province pendant ces dernières années. Il a encadré avec habileté la noble et ferme figure de Pontus de Tyard dans une étude bien résumée du xvie siècle, le siècle de la Réforme et de la Renaissance, le grand siècle qui donne le branle aux idées modernes. Jurisprudence, éloquence, histoire, sciences, philologie, beaux-arts, M. Jeandet caractérise tout à grand traits, et ce n'est pas ici œuvre superflue, puisque son héros touche à peu près à tout par lui-même ou par ses frères de la pléiade, les Baïf, les Du Bellay, les Jodelle, les Belleau, les Dorat et leur chef Ronsard.

« M. Abel Jeandet, à cette occasion, montre avec raison qu'un des résultats les plus importants, et qui n'avait pas été assez remarqué jusqu'à lui, qu'une des idées les plus fécondes, semées par la pléiade de la Renaissance, fut l'association appliquée aux travaux intellectuels. L'Académie française n'est que la pléiade transfigurée. La pléiade, elle aussi, forme une sorte d'académie, d'abord dans la maison d'Antoine de Baïf, puis au Louvre, mais succombe avec les Valois dans les luttes barbares de la guerre civile pour renaître, un siècle plus tard, dans la maison de Conrart et former l'Académie avec Richelieu pour protecteur...

« L'Académie du xvie siècle semble avoir même été moins aristocratique et plus libérale que celle de Richelieu, si on en juge d'après les détails donnés par M. Jeandet.

« M. Abel Jeandet n'est pas moins heureux lorsqu'il aborde la vie de Pontus de Tyard. On trouve dans son livre de curieuses révélations sur la Ligue en Bourgogne, la conduite de Pontus aux fameux États de Blois, ses luttes contre les Jésuites et les ligueurs qui refusent au noble évêque de Chalon des passe-ports pour se rendre auprès de Henri IV. Il s'agissait cependant des conférences de Suresnes où le futur roi de France appelait les prélats et docteurs catholiques de son parti pour se faire instruire et se convertir. Il y a là des détails tout à fait neufs et qui éclairent cette histoire encore peu connue de la Ligue, de la vraie Ligue, que les passions et les intérêts ont défigurée à plaisir.

« La partie de l'ouvrage de M. Abel Jeandet qui regarde la vie littéraire du poète français mérite une sérieuse attention : analyses fines, exactitude dans les détails, et çà et là plus d'un horizon nouveau entr'ouvert. Par exemple, M. Jeandet rend à Pontus de Tyard une certaine part dans la décoration du château d'Anet, à côté des deux Delorme, de Jean Cousin et de Jean Goujon, ces créateurs des merveilles d'Anet. Un livre de l'évêque de Chalon, intitulé : *Douze fables de fleuves ou fontaines avec la description pour la peinture*, ne laisse aucun doute à cet égard [1]. On ignore

---

1. M. A. Jeandet fut très heureux d'avoir fait cette découverte, en raison de son importance pour la biographie de Pontus de Tyard et l'histoire de cette merveille de la Renaissance, si connue sous le nom de château d'Anet.

Mais nous ne tardâmes pas à apprendre que M. Jeandet fut péniblement surpris et profondément attristé le jour où il lut dans la *Gazette des Beaux-Arts, Courrier Européen de l'Art et de la Curiosité*, rédacteur en chef Charles Blanc, ancien directeur des Beaux-Arts, 34e livraison,

cependant jusqu'à quel point les plans de Pontus furent suivis, et c'est un fait sur lequel nous attirons l'attention des amateurs de l'art de la Renaissance.

« Ajoutons qu'à ces qualités solides qu'apprécieront les érudits et ceux qui demandent avant tout la vérité, M. Abel Jeandet a voulu joindre le charme de l'exécution. Son livre sort des presses de Louis Perrin, le grand imprimeur lyonnais : fac-simile, portrait, caractères, ornements, papier avec sa douce teinte jaune, tout rappelle le XVIe siècle à s'y méprendre, et fait le plus grand honneur au goût de l'auteur, qui a recommandé son livre d'une manière toute spéciale à l'imprimeur dans une charmante lettre qu'on croirait exhumée de cette époque comme tous les autres

---

15 mai 1860, t. VI, gr. in-8º, p. 214-225, un article de fond intitulé : « *Un artiste inconnu du Château d'Anet,* » signé Alphonse Feillet, qui en avait copié textuellement les détails principaux dans le chapitre IV du *Pontus de Tyard* de M. Abel Jeandet ! ! (Voir cet ouvrage pages 98-103.)

Assez embarrassé pour dissimuler son coupable larcin, M. Feillet se tirait de ce mauvais pas, en plaçant au commencement de son article l'étrange note qui suit :

« Un archéologue bourguignon, déjà avantageusement connu par
« ses travaux sur la famille de Thiard et sur la ville de Verdun, le
« docteur Abel Jeandet, *prépare (sic)* en ce moment, sur Pontus, un
« ouvrage important *que l'Académie de Mâcon* vient de couronner. »

— Comprenez-vous ce que signifie la *préparation d'un ouvrage qui avait été couronné* ?....

La conscience de M. Feillet était troublée à ce point par le remords de sa coupable conduite, qu'il n'eut pas la force de la dissimuler.

Quant à M. Abel Jeandet, s'il n'a pu oublier cet acte d'indélicatesse, cependant il poussa l'amour de la vérité et la fraternité littéraire au point de consacrer un article des plus élogieux à un ouvrage de M. Feillet intitulé : *La Misère au Temps de la Fronde et saint Vincent de Paul,* ou un chapitre de l'histoire du paupérisme en France, ouvrage couronné par l'Institut.

documents que le fureteur a trouvés en si grand nombre. C'est un livre digne des amateurs les plus difficiles et des critiques les plus savants.

« Alphonse FEILLET. »
(Auteur de la Misère au temps de la Fronde et Saint-Vincent de Paul. Ouvrage couronné par l'Institut de France.)

Parmi les bonnes fortunes que le Docteur Abel Jeandet doit à son *Pontus de Tyard*, il en est une que nous ne pouvons passer sous silence, car elle l'emporte sur toutes les autres ; en effet, elle lui a valu une place sur le *Parnasse*, au milieu des médecins poètes de la France, comme le prouve l'article suivant qui lui a été consacré dans le *Parnasse Médical Français*[1].

« Jeandet (J.-P. Abel), médecin à Verdun-sur-le-Doubs
« (Saône-et-Loire), membre des Académies de Dijon, de
« Mâcon, de Troyes, lauréat de l'Institut de France.

« Il n'est pas certain que M. Abel Jeandet ait fait impri-
« mer quelques morceaux de poésies de sa façon, mais
« nous savons qu'il en est fort capable, et l'on est assuré,
« après la lecture de ses ouvrages, que c'est un amant pas-
« sionné des Muses et un fin connaisseur pour tout ce qui

1. Ou Dictionnaire des Médecins Poètes de la France, anciens ou modernes, morts ou vivants, etc., par le docteur Achille Chereau, membre et lauréat de l'Académie de médecine de Paris, bibliothécaire de la Faculté de médecine de la même ville, chevalier de la Légion d'honneur, etc. — Paris, A. Delahaye, libraire-éditeur, 1874. 1 vol. in-12 de XXIV-541 pages.

Les titres dont le docteur Chereau est revêtu ne sont que la juste récompense de sa science et de ses travaux attestés par de nombreuses publications littéraires, historiques et biographiques très intéressantes, relatives à la médecine.

« touche au *Parnasse*. Son étude sur Pontus de Tyard,
« seigneur de Bissy, évêque de Chalon, et l'un des sept de
« la Pléiade poétique du XVIe siècle, dévoile un grand
« talent d'appréciation littéraire et poétique. On peut en
« dire autant de son esquisse littéraire et critique sur
« *Les Noëls Bourguignons*, de Bernard de La Monnoye, et
« de l'Introduction qu'il a mise en tête des *Gerbes déliées*
« (Poésies), de son compatriote et ami Louis Goujon
« (1865, 1 vol. in-8°).

« Le nom de M. Abel Jeandet devait figurer dans ce
« Dictionnaire : Peut-être cela le décidera-t-il à publier
« des poésies que, certainement, il tient en portefeuille. »
(Ouvrage cité, p. 286.)

Il est temps de clore cette revue bibliographique, un peu longue pour la plupart des lecteurs, mais qui ne saurait être dépourvue d'un certain intérêt aux yeux des vrais bibliophiles, tandis qu'elle met en évidence le succès du livre de M. Abel Jeandet, succès dont n'avait approché, jusqu'alors, aucune publication provinciale signée d'un nom inconnu dans la République des lettres.

Cependant les monographies publiées depuis quelques années en France sur le XVIe siècle abondaient ; on pourra en juger par la liste de celles que nous avons sous la main, dans notre petite bibliothèque ; les voici suivant la date de leur publication :

I. — *Tableau historique et critique de la Poésie française et du Théâtre français au XVIe siècle*, par Sainte-Beuve, édition revue et très augmentée. — Paris, Charpentier, 1857, 1 vol. in-18 de 508 pages.

La première édition de ce travail avait paru en 1828, voilà pourquoi nous la plaçons en tête de cette liste.

II. — *Correspondance du roi Charles IX et du sieur de Mandelot, gouverneur de Lyon en 1572*, époque du Massacre de la Saint-Barthélemy. — Paris, Crapelet, 1830, 1 vol. in-8° de XVI-128 p.

III. — *Notice bibliographique sur Montaigne*, par J.-F. Payen, docteur-médecin. — Paris, imp. Duverger, 1837, in-8° de 80 pages. — Fac-simile de la signature de Montaigne. Nous dirons bientôt quelle était la valeur mercantile des opuscules du Dr Payen, concernant Montaigne.

IV. — *Etudes sur le XVIe siècle en France*, précédées d'une histoire de la littérature et de la langue française, de 1470 à 1610, par Philarète Chasles, professeur au Collège de France. — Paris, Amyot, 1848, 1 vol. grand in-8° de LXVI-432 p.

V. — *Etudes sur la Renaissance. Erasme, Thomas Morus, Mélanchton*, par P.-D. Nisard, de l'Académie française. — Paris, Michel Lévy, 1 vol. grand in-18 de 464 pages, 1855, seconde édition.

Ces études parurent pour la première fois dans la *Revue des Deux-Mondes*, en 1836 et 1838.

VI. — *La vie publique de Montaigne*, étude biographique par Alphonse Grün, archiviste de la Couronne, ancien rédacteur en chef du *Moniteur universel*. — Paris, Amyot, 1 vol. in-8° de XII-408 p., 1855.

VII. — *Documents inédits sur Montaigne*, recueillis et publiés par le Dr J.-F. Payen. N° 3 : Ephémérides, Lettres et autres pièces autographes de Michel de Montaigne et de sa fille Eléonore. Tiré à 100 exemplaires. — Paris, Janet, 1855, in-8°, 40 pages.

Le docteur Payen, médecin du Bureau de charité du 4e arrondissement de Paris, chirurgien des dispensaires de la Société philanthropique de la même ville, médecin inspecteur des eaux de Saint-Gervais (Savoie), est une célébrité parmi les bibliophiles par ses patientes et curieuses recherches sur Montaigne. Toutes ses publications relatives à ce célèbre écrivain du XVIe siècle sont devenues des raretés fort recherchées : l'une de ces plaquettes, de 24 pages in-8°, intitulée : *Appel aux Erudits*, a été payée 35 francs, dans une vente, à Paris. Le docteur Payen, lui-même, riait de cet engouement : « C'est à n'y pas croire, écrivait-il à un de « ses confrères, on peut avoir les œuvres complètes de « Bossuet pour ce prix-là !! »

VIII. — *Héliodore de Tyard, seigneur de Bissy, gouverneur, pour Henri IV, de la ville de Verdun en Bourgogne, 1590-1593, et Marguerite de Busseul, sa femme, tuée durant le siège de Verdun en 1592.*

Pages inédites de l'histoire de la ville de Verdun en Bourgogne au XVIe siècle, par J.-P. Abel Jeandet (de Verdun). — Chalon-sur-Saône, imp. Dejussieu, 1856. 2e édition avec appendice et preuves historiques, in-4°, 25 pages. — Quelques exemplaires de choix (non mis dans le commerce) sont ornés des portraits d'Héliodore de Tyard et de sa digne compagne. Ces portraits, gravés sur acier, sont tirés de la collection des galeries historiques de Versailles.

Une première édition de ces deux biographies avait paru en 1854 (16 p. in-4°).

IX. — *Les Libres Prêcheurs, devanciers de Luther et de Rabelais*, étude historique, critique et anecdotique sur les XIVe, XVe et XVIe siècles, par Antony Méray. — Paris, A. Claudin, 1860, 1 vol. petit in-18, XII-221 pages.

X. — *Les grands Artistes de la Renaissance*, par A. Bety. — Paris, A. Aubry, 1860, titre rouge et noir, 1 vol.

XI. — *Les Poètes français*. Recueil des chefs-d'œuvre de la poésie française, depuis les origines jusqu'à nos jours, avec des notices littéraires sur chaque poète. Suit la liste des auteurs de ces notices dont la plupart ont un nom très connu parmi les écrivains contemporains. — Introduction par Sainte-Beuve. — 4 vol. grand in-8° de plus de 600 pages chacun. Le second volume de cette importante publication, faite sous la direction de M. Eugène Crépet (Paris, Gide, 1861), est en partie consacré au XVIe siècle.

XII. — *Pontus de Tyard*, esquisse biographique et littéraire (extrait de l'ouvrage ci-dessus), broch. in-8°, 8 pages, par Abel Jeandet, 1861.

XIII. — *Tabourot, seigneur des Accords, 1549-1590*. Esquisse biographique et littéraire (extrait des *Poètes français*), tirage à part, 12 pages in-8°. — Paris, A. Aubry, 1861.

XIV. — *Description de la Franche-Comté*, par Gilbert Cousin, de Nozeroy (année 1550), traduite pour la première fois et accompagnée de notes par M. Achille Chereau, docteur en médecine, etc. — Publication de la Société d'émulation du Jura. — Lons-le-Saunier, imp. de Gauthier frères, 1863, 1 vol. petit in-4°, LXIII-144 pages. Notice sur la vie et les ouvrages de Gilbert Cousin, par le docteur A. Chereau (dédicace autographe).

XV. — *Journal de Jean Grivel, seigneur de Perrigny*, contenant ce qui s'est passé dans le comté de Bourgogne pendant l'invasion française et lorraine en l'année 1595, publié d'après le manuscrit original et accompagné de notes et d'éclaircissements par Achille Chereau, docteur en médecine, bibliothécaire de la Faculté de médecine de Paris, etc. 1 vol. in-8° de 178 pages, Lons-le-Saunier, 1865.

XVI. — *Vie de Jacques, comte de Vintimille*, conseiller au parlement de Bourgogne, littérateur et savant du xvie siècle, par Ludovic de Vauzelles, conseiller à la cour impériale d'Orléans. — Orléans, Herluisin, 1865, 1 vol. in-8° de IX-106 pages, avec portrait de J. de Vintimille et fac-similé de son écriture. Edition sur papier de choix. — Dédicace autographe de l'auteur, ainsi conçue :

« A Monsieur Abel Jeandet, médecin à Verdun-sur-Saône-
« et-Doubs, auteur de l'intéressante biographie de Pontus
« de Tyard. »

XVII. — Recherches sur la Recension du texte posthume des essais de Montaigne, par Reinold Dezeimerin. — Bordeaux, impr. Genouilhou, impr. de l'Académie, 1866, in-8°, 31 pages. — A la suite de cette brochure on trouve la suivante du même auteur, sous ses initiales R. D.

XVIII. — *Essais de Montaigne* (spécimen). Edition nouvelle corrigée sur les manuscrits et les anciennes impressions, et enrichie des variantes des principaux textes. — Bordeaux, Genouilhou, 1866, 15 pages, in-8°.

XIX. — *La Science et les Savants au XVIe siècle*, tableau historique, par Paul-Antoine Cap, membre de l'Académie de médecine, des Académies des sciences de Turin, Lyon, Rouen, Lille, Nancy, Venise, Florence, lauréat de l'Institut de France. — Tours, A. Mame, éditeur, 1 vol. in-8° de xv-317 pages, orné de gravures et de portraits, 1867.

XX. — *Madame la duchesse de Coligny, après la Saint-Barthélemy*. — Notice lue le 7 mai 1867, à la Société de l'histoire du protestantisme français, par le comte Jules de La Borde. — Paris, 1867, gr. in-8°, 36 pages.

XXI. — *Rabelais*. Etude sur le xvie siècle, par Alfred Mayrargues. — Paris, L. Hachette, 1868, 1 vol in-18, 270 pages.

XXII. — *Les Moralistes françois du XVIe siècle*, par Albert Desjardins, agrégé de la Faculté de droit de Paris. Ouvrage couronné par l'Académie des sciences morales et politiques. — Paris, librairie académique de Didier, 1869, 1 vol. gr. in-8°, 517 pages.

XXIII. — *Biographies d'architectes* : Sébastien Serlio, par Léon Charvet, architecte, professeur à l'École impériale des Beaux-Arts de Lyon. — *Ibid.*, Clairon Mondet, 1869, broch. gr. in-8°, sur papier fort, titre rouge et noir, superbe portrait de Sébastien Serlio, plus 4 gravures, 112 pages. — Dédicace autographe de l'auteur.

XXIV. — *Monographie du Sonnet*. Sonnettistes anciens et modernes, suivis de quatre-vingts sonnets, par M. Louis de Veyrières. — Paris, librairie Bachelin-Deflorenne, 1869-70. 2 vol. gr. in-18, imprimés sur beau papier vergé, titres rouge et noir ; le 1er vol. de 288 pages et le 2e de

256 pages, plus 72 pages remplies par les sonnets de l'auteur et les tables des matières.

Le 2ᵉ renferme de nombreux renseignements sur les sonnettistes du xvıᵉ siècle. Nous n'avons pas à juger M. de Veyrières comme sonnettiste, mais il nous paraît être peu équitable ou inexact dans ses appréciations critiques sur plusieurs auteurs, ainsi que sur leurs ouvrages.

XXV. — *Etude sur les essais de Montaigne*, par Alphonse Laveaux, ornée d'un portrait de Montaigne. — Paris, H. Plon, 1890, 1 vol. in-8° de iv-473 pages.

XXVI. — *Lettres inédites de Henri IV au chancelier de Bellièvre*, de 1581 à 1601, publiées d'après les manuscrits de la Bibliothèque Nationale, par E. Alphen. — Paris, A. Aubry, 1 vol. in-8°, 1872 (de 325 p.).

XXVII. — *Documents sur le séjour de Rabelais à Lyon*, 1532-1534, par M. Vital de Valous. — 1873, 9 p., grand in-8°.

XXVIII. — *Les six couches de Marie de Médicis, reine de France et de Navarre*, racontées par Louise Bourgeois, dite Boursier, sa sage-femme. Etude biographique avec des notes et des éclaircissements par le Dʳ Achille Chereau, ornée de deux portraits gravés. — Paris, L. Willem et P. Daffis, 1845. Charmant petit volume in-18, de 161 p. — A cet exemplaire on a joint une lettre autographe du Dʳ Achille Chereau.

XXIX. — *Inventaire des livres d'un abbé de Valbenoite, dressé en 1593* par Antoine Gryphius, annoté et publié avec la généalogie de Masso, par V. de V. (Vital de Valous). — Lyon, Aug. Brun, 1875 (vii-31 p.), gr. in-8°. — Avec cette dédicace autographe : « A. M. le Dr Abel Jeandet, Témoignage de bon souvenir, V. de V. »

XXX. — *Louis Figuier*. — Vies des Savants illustres, etc., Savants de la Renaissance : Paracelse, Ramus, Jérôme Cardan, Bernard Palissy, George Agricola, Conrad Gesner, G. Rondelet, André Vesale, Ambroise Paré, Kopernik, Tycho-Brahé, Vasco de Gama, Magellan. Deuxième édition, accompagnée de 38 gravures sur bois. — Paris, Hachette, 1875, 1 vol. in-8° de XVII-472 p.

XXXI. — *Poètes et Amoureuses*. — Portraits littéraires du XVIe siècle, par Prosper Blanchemain, membre de la Société bibliographique. — Paris, L. Willem, édit. en 2 tomes destinés à être réunis en un volume à pagination continue, 392 p., 1877.

XXXII. — *Les Libres*, etc. Même ouvrage, par le même auteur que celui qui est porté ci-devant sous le n° IX. Deuxième édition entièrement refondue et augmentée considérablement. — Paris, Claudin, 1878, 2 vol. in-8°, papier vergé, lettres ornées, etc., belle édition de bibliophile sur papier vergé. — Le 1er vol. a 301 pages, le 2e 297 pages.

XXXIII. — *Œuvres choisies de P. de Ronsard*, avec notice, notes et commentaires, par Sainte-Beuve. Edition revue et augmentée par Louis Moland. — Paris, Garnier frères, 1879, 2 vol. grand in-18 de LXXII-370 pages.

XXXIV. — *Rabelais Médecin*, avec notes et commentaires, par le Dr Félix Bremond (Portrait de Rabelais). — Paris, Ve Pairaut, 1879, 1 vol. in-18 de XV-310 pages.

XXXV. — *Marc-Antoine Muret*. — L'Enseignement et la

Correspondance des savants au XVIe siècle, par Albert Desjardins (Extrait du *Correspondant*). — Paris, J. Gervais, 1882, broch. gr. in-8°, 40 pages.

XXXVI. — *Tableau de la Littérature française au XVIe siècle*, suivi d'études sur la Littérature du Moyen-Age et de la Renaissance, par Saint-Marc de Girardin, de l'Académie française, 5e édition. — Paris, librairie académique de Didier, 1883, 1 vol. in-12, 425 pages. — La première édition de cet ouvrage avait paru en 1828.

XXXVII. — *Emile Amiel, Juste, Lipse, Un publiciste du XVIe siècle.* — Paris, Lemerre, édit., 1 vol. grand in-18, 1884.

XXXVIII. — *Emile Amiel, Un libre penseur du XVIe siècle, Erasme.* — Paris, Lemerre, édit., 1 vol. gr. in-18 (XII-452 p.), 1889.

XXXIX. — *Mort de Marguerite de Busseul, dame de Bissy*, tuée au siège de Verdun en Bourgogne en 1592. Lecture faite par l'auteur, Abel Jeandet (de Verdun), en séance publique de l'Académie de Mâcon, le 26 mai 1888. — Mâcon, Protat frères, 1890, 11 p., in-8° (tiré à 50 exemplaires).

XL. — *Le vicomte de Tavanes*, lieutenant général des armées de la Ligue en Bourgogne. Lecture faite par l'auteur, M. Abel Jeandet (de Verdun), à la séance publique de l'Académie de Mâcon, du 19 août 1890. — Mâcon, Protat frères, 1892, in-8°, 10 pages.

XLI. — *Recherches bio-bibliographiques* pour servir à l'histoire des sciences naturelles en Bourgogne, depuis le XVIe siècle jusqu'à nos jours, par le Dr Abel Jeandet (de Verdun), bibliothécaire-archiviste de la ville de Mâcon, etc., lauréat de l'Institut de France et des Académies de Mâcon et de Dijon, etc. — Mâcon, Protat frères, 1892, 1 vol. in-8° de 133 pages.

XLII. — *Mâcon au seizième siècle*. Aperçu historique et littéraire, accompagné de notes bibliographiques, historiques et biographiques (Extrait des *Annales de l'Académie de Mâcon*), 2e édition. — 1 vol. gr. in-8° de 247 pages, Mâcon, imprimerie Protat frères, 1892. — Edition sur papier ordinaire. Autre édition sur papier de choix, vergé blanc, beau volume tiré à petit nombre. L'auteur est M. Abel Jeandet (de Verdun), déjà mentionné.

XLIII. *Pages inédites d'Histoire de Bourgogne au XVIe siècle*. Fragments des Annales de la ville de Verdun-sur-Saône-et-Doubs, par Abel Jeandet (de Verdun), ancien médecin du service médical gratuit du département de Saône-et-Loire, ancien archiviste des villes de Mâcon et de Lyon, lauréat de l'Institut de France et des Académies de Dijon et de Mâcon, membre titulaire ou correspondant des Académies et Sociétés savantes de l'Aube, de l'Yonne, de Beaune, des Antiquités de la Côte-d'Or, de Saône-et-Loire, de Chalon-sur-Saône, etc. — Un volume in-8° de xxxii-470 pages, Dijon, imprimerie Darantière, 1893.

Ce dernier ouvrage a été honoré du prix Saint-Seine, fondé par le Marquis de ce nom, pour être décerné tous les cinq ans au meilleur travail publié sur l'Histoire de Bourgogne pendant une période de cinq années.

Ouvrages qui ont été omis en leur ordre chronologique :

XLIV. — *Lettre à mon père, médecin à Gy, en Franche-*

Comté, sur Jean-Edouard Du Monin, poète célèbre du XVIe siècle, né à Gy, par Francisque Lelut, son compatriote. — Paris, Delaunay et Gy-Bergeret, libraires, 1840, broch. in-8°, 64 pages, ornée du fac-simile du portrait de Du Monin, placé en tête de son uranologie.

XLV. — *Une Pléiade littéraire à Chalon-sur-Saône au XVIe siècle,* par Henri Batault, secrétaire de la Société d'histoire et d'archéologie de Chalon-sur-Saône. — *Ibid.,* Dejussieu, br. in-8°, 32 p. (une planche d'armoiries). On a lieu de s'étonner qu'un travailleur aussi sérieux que M. Henri Batault ait cru avoir découvert l'existence d'une *Pléiade littéraire* à Chalon-sur-Saône au XVIe siècle. Cette prétendue pléiade n'a jamais existé que par le titre de la brochure de M. Batault, comme on le voit à l'insuffisance des documents qu'il produit à l'appui de son dire.

XLVI. — *Les auteurs Beaunois au XVIe siècle.* Claude Dariot et Guillaume Paquelin, par M. Gautheret-Comboulot. (Extrait des Mémoires de la Société d'histoire et d'archéologie, 1885.) Beaune, imprimerie Batault, 1886, gr. in-8°, 44 pages.

Au milieu de cette foule de livres qui furent publiés sur le XVIe siècle, il y a lieu de s'étonner que celui de M. Abel Jeandet ne cessa d'attirer l'attention des critiques et des bibliophiles.

Cinq ans après son apparition, nous voyons un publiciste étranger à la Bourgogne, M. Boué de Villiers, qui ne connaissait l'auteur de *Pontus de Tyard* que par ce livre, lui consacrer, dans la *Presse d'Aumale* [1], une chronique littéraire

---

[1] Revue hebdomadaire de la Seine, de la Somme et de l'Oise, n° 39, 24-30 septembre 1865.

remarquable par l'élévation et l'indépendance des idées. Nous croyons devoir en reproduire les principaux passages, en raison de la notoriété de celui qui l'a écrite [1].

CHRONIQUE LITTÉRAIRE

PONTUS DE TYARD, seigneur de Bissy, évêque de Chalon, étude sur le xvie siècle, par J.-P. ABEL JEANDET, ouvrage couronné par l'Académie de Mâcon. (Paris, Aubry, éditeur.)

« De toutes les gloires, la plus difficile à conquérir, la plus aléatoire aussi, c'est sans contredit la gloire littéraire.

« Voici un poète, Pontus de Tyard, poète et en même temps prince de l'Église, qui fut une des plus brillantes étoiles, la plus brillante peut-être de cette pléiade de nobles rimeurs qui illustra le xvie siècle et dont le prophète avait nom Pierre de Ronsard, et les disciples : Joachim de Bellay, Baïf, Jodelle, Remy Bellean et Jean Dorat. — Aujourd'hui, qui a gardé souvenance, hors quelques bibliophiles érudits, de Tyard, l'auteur des *Erreurs amoureuses*, des *Vers lyriques*, des *Discours philosophiques*, etc. ? Et pourtant Pontus de Tyard, nous le répétons, occupe une place parmi les beaux esprits, parmi les écrivains en renom du xvie siècle, si fécond d'ailleurs en individualités brillantes.

---

1. A.-L. Boué de Villiers, littérateur, poète et journaliste, l'un des membres distingués de la Société de *L'union des Poètes*, s'est fait connaître par de nombreux ouvrages en prose et en vers, parmi lesquels nous mentionnerons : I. *Les Martyrs de l'Amour*, avec préface et lettre de Victor Hugo et de George Sand ; II. *Vierge et Prêtre*, 1789-1793, roman historique ; III. *Rimes et Pensées du siècle*; IV. *Le Livre de la Femme;* V. *Poèmes du Foyer*, etc., etc.

« Il appartenait à un littérateur de la province, à un compatriote du poète mâconnais, de ressusciter cette puissante et originale physionomie, et de lui restituer son auréole perdue.

« M. J.-P. Abel Jeandet, médecin à Verdun-sur-le-Doubs, philosophe éclairé, autant que patriote fervent, s'est imposé cette tâche non moins glorieuse que difficile, s'en est acquitté avec un rare bonheur. Son étude sur Pontus de Tyard est en même temps une étude générale sur l'état des lettres, de la science et des arts au XVIe siècle — en France, et particulièrement en Bourgogne, la province chérie dont chaque jour M. Jeandet augmente l'histoire de quelque document précieux, soit dans les feuilles locales, soit dans les revues savantes qui favorisent l'utile mouvement décentralisateur dont il est un des plus actifs propagateurs.

« Le monde des lettres a applaudi unanimement au travail si remarquable de M. Jeandet. L'Académie de Mâcon, qui avait mis en concours l'étude sur Pontus de Tyard, était loin de s'attendre à cette rare bonne fortune d'avoir à couronner une œuvre de telle importance; elle regretta de n'avoir qu'une modeste médaille d'or à offrir à l'auteur, si modeste lui-même que son succès l'étonnait. Peu après, l'Académie des Inscriptions et Belles-Lettres signalait à son tour à l'attention de la France entière le livre de M. Jeandet, dont toute la presse se mit à saluer le nom avec sympathie et reconnaissance.

« C'est un devoir à tous ceux qui tiennent la plume de remercier publiquement les doctes et patients chercheurs qui se sont donné la mission de faire la lumière dans le passé, et d'évoquer les grands caractères, les physionomies curieuses de notre histoire. Il serait à désirer que chaque département possédât un homme comme l'auteur de *Pontus de Tyard*; nous n'en serions pas si souvent réduits à nous méprendre, à travestir des faits qui devraient être connus de tous.

. . . .

« Le livre de M. Jeandet mériterait une longue et minutieuse analyse. A peine disposons-nous des limites suffisantes à esquisser à grands traits la vie de son héros.

« Pontus de Tyard, issu d'une maison d'excellente noblesse bourguignonne, riche en hommes d'épée et en diplomates, naquit en 1521 au château de Bissy-sur-Fley, domaine de sa famille. Son père était lieutenant-général au bailliage de Mâcon. Jean de Tyard, ayant déjà deux fils, destina Pontus à l'Église. Ses études furent donc dirigées dans ce sens, et le jeune gentilhomme bourguignon se fit recevoir à l'Université de Paris, où il se distingua. A Paris, cette seconde Athènes, le goût des lettres s'empara de Pontus. Aussi le voyons-nous, en 1548, publier ses *Erreurs amoureuses*, imprimées anonymement à Lyon; poésies dans le goût archaïque de l'époque et naturellement dédiées « *à ma dame* ». Vinrent ensuite deux volumes : *Léon Hébrieu* et *de l'Amour*; ce sont des dialogues sur l'amour, imités ou traduits de l'italien. La réputation de Pontus était faite. Il prend rang dans la Pléiade, et y marche à côté de messire Pierre de Ronsard, le poète aimé de Charles IX, le sinistre versificateur couronné.

« En 1552, Pontus est reçu chanoine à Mâcon. Il publie de nouveaux ouvrages, ses *Discours*, qui prouvent chez le poète du xvie siècle des notions scientifiques bien rares pour l'époque, et une prescience lumineuse des progrès de l'avenir. La fortune, les faveurs de la cour accablent le poète ; il dédie ses œuvres à Henri III, qui répond par des pensions. Le 16 juin 1578, le pape Grégoire XIII nomme Pontus de Tyard à l'évêché de Chalon-sur-Saône. . . . .

« Le 27 décembre 1585, Pontus perd son ami et maître Ronsard ; il lui consacre cette épitaphe latine :

> Petrus Ronsardus jacet hic : Si cœtera nescis,
> Nescis quid Phœbus, Musa, Minerva, Charis.

« Pontus, arrivé à cette période de sa vie, abjure la vie mondaine ; il prend au sérieux sa profession épiscopale, néglige les vers pour la philosophie et écrit des *Homélies*. Homme d'intelligence et de cœur, Pontus ne pouvait qu'être gallican sincère, l'adversaire des ambitions ultramontaines, l'ennemi de la Ligue, des Espagnols et des Jésuites. Il ne craignait pas de flétrir les fanatiques, les hypocrites, les *faux dévots*. C'est dire les haines qui s'acharnèrent à sa personne, les calomnies, les persécutions qu'il dut braver. Il resta fidèle à la cause du roi légitime, Henri IV, cause qui était celle de la France et de l'unité nationale. Mais fatigué de ses labeurs et de ses combats, Pontus résigna la mitre en 1594, et son neveu, Cyrus de Tyard, lui succéda au siège de Chalon. Retiré dans son manoir de Bragny, le vieil évêque se consacra tout à la science et à la contemplation de la nature, qu'il aimait plus encore que les hommes. Plusieurs publications, en latin la plupart, sortent encore de sa plume. Le 23 septembre 1605, à l'âge de 84 ans, l'auteur des *Erreurs amoureuses*, le père du sonnet français, s'éteignit heureux et calme, n'ayant à rendre compte à son Dieu que d'une carrière honnête, digne, noblement fournie.

« Pontus, illustration toute bourguignonne, n'a pas moins un rôle caractéristique dans l'histoire littéraire, religieuse, politique de son temps.............. ....
....

De Tyard, philosophe, poète et savant, devait infailliblement être un *libre penseur* de son époque. Son œuvre entier, du reste, le prouve; et l'historien, loin de chercher à disculper son héros, le loue éloquemment de son courage, de sa franchise, de sa haine des Jésuites et des ultramontains. Comme le dit M. d'Auriac, dans le bel article qu'il a consacré dans le *Siècle* au livre de M. Jeandet, c'était risquer un peu sa couronne académique que d'oser aborder un pareil sujet, messieurs les académiciens étant généralement très peu libres penseurs!

« Il n'importe, M. Abel Jeandet n'a pas hésité devant la logique de ses convictions. L'estime générale lui a donné gain de cause, et toute la province lettrée peut et doit considérer l'auteur de *Pontus de Tyard* comme l'un de ses écrivains les plus méritants, et pour son amour inébranlable de la Vérité, et pour son culte ardent de la justice et du progrès.

« A.-L. Boué de Villiers. »

Evreux, août 1865.

Dix-huit années s'étaient écoulées depuis que Boué de Villiers avait comblé d'éloges le *Pontus de Tyard* d'Abel Jeandet, lorsque le jour de la réception de celui-ci à l'Académie de Mâcon, M. Charles Pellorce, son président, chargé de répondre au discours du récipiendaire, s'empressa de signaler l'ouvrage sur Pontus de Tyard. La manière dont M. Pellorce s'acquitta de cette tâche est un résumé si parfait de la bibliographie qui fait le sujet de cette revue, que nous ne saurions mieux la compléter qu'en reproduisant ici les parties les plus intéressantes, pour nous, de l'appréciation de M. Pellorce :

« Monsieur, dit-il en s'adressant au Dr Abel Jeandet, lorsqu'en 1859 l'Académie décernait une médaille d'or à votre si intéressante étude sur le poète mâconnais Pontus de Tyard, elle savait bien qu'elle couronnait une œuvre dont le mérite ne ferait que s'affirmer davantage avec les années.

« En effet, dès que votre travail eut été livré à la publicité, de nombreux journaux de critique littéraire ou bibliographique en saluèrent l'apparition comme celle d'un ouvrage digne de fixer l'attention des érudits.

« De toutes parts, les plus flatteuses appréciations le proclamèrent un des meilleurs travaux que la province eût encore fournis.

« On se plut à remarquer que vous n'aviez pas seulement dessiné d'une main experte la noble et poétique figure de Pontus de Tyard, mais que vous aviez, en même temps, retracé, de ce grand siècle, une esquisse savante et pleine de traits nouveaux et peu connus. Votre livre, véritable bijou artistique de typographie, fut une bonne fortune pour les délicats comme pour les archéologues, pour les amis des lettres autant que pour « les amoureux du livre » parmi lesquels vous vous étiez résolument placé, dans une spirituelle lettre publiée depuis longtemps déjà. On vanta l'ouvrage et l'on ne vanta pas moins le charme de l'impression. Un éminent historien, M. Alphonse Feillet, après avoir donné à votre travail les éloges les plus complets, disait en terminant son appréciation : « C'est un livre digne des « amateurs les plus difficiles et des critiques les plus « savants[1]. »

« M. Abel Jeandet, dit M. A. Feillet, a recommandé son livre à l'imprimeur dans une charmante lettre ; je demande à nos confrères la permission d'en donner la lecture, par une digression dont ils me sauront gré. Ils ne goûteront pas moins favorablement cette page gracieuse, frontispice littéraire digne à la fois de l'Estienne Lyonnais et du siècle qui vit renaître les lettres et naître le livre :

« A Monsieur Louis Perrin,

« Imprimeur à Lyon,

« Abel Jeandet, médecin à Verdun,

« Salut :

« L'imprimerie n'est pas une fille de la France, elle est née
« de sa sœur la blonde Allemagne. Ses berceaux sont Mayence,
« Strasbourg, Harlem, peut-être ; ses créateurs, ses premiers
« adeptes, se nomment Gutenberg, Faust, Schœffer, Coster,
« Dryzehn, Heilman et Riff.

« Faust, l'usurier avide et sans cœur, se trouve parmi ces
« grands artistes, comme Judas au milieu des Apôtres ; lui
« aussi, il livre son maître Gutenberg pour de l'argent.

« L'invention divine » ne tarda pas à se propager et à

---

[1]. Voir l'article de M. A. Feillet, reproduit *in extenso*, p. 32-35 de cette étude bibliographique.

« fructifier sur la terre de France ; au XVIᵉ siècle elle était
« devenue française.

« On sait tout ce qu'elle doit à l'illustre famille des
« Estienne, à Simon de Colines, à Geoffroy Tory, de
« Bourges, à Christophe Plantin, à Mamert Patisson et à
« la ville de Lyon.

« Un jour on dira ce que Louis Perrin a fait pour elle
« au XIXᵉ siècle. On dira que, dans la seconde ville de
« France, il arrêta la décadence de l'art typographique et
« qu'il le ramena au degré de perfection où les Gryphe, les
« De Tournes, les Dolet, les Roville, ces Elzévirs lyonnais
« de la Renaissance, l'avaient porté.

« Cet essai, consacré à rappeler le souvenir de quelques
« noms et de quelques travaux artistiques et littéraires de
« cette grande époque, ne pouvait être confié qu'à l'artiste
« qui en conserve religieusement les bonnes traditions et
« qui marche sur les traces de Jean de Tournes et de
« Guillaume Roville, les imprimeurs de prédilection, j'ai
« presque dit les collaborateurs de Pontus de Tyard et de
« ses doctes amis.

« Je viens donc recommander cet opuscule à vos soins
« intelligents et dévoués, desquels il attend une parcelle du
« renom qui s'attache aux productions qui portent le véri-
« table cachet du bon goût et de l'art.

« De Verdun en Bourgogne (Saône-et-Loire), ce neuvième de mai 1860. »

« A tant de suffrages si flatteurs, il s'en joignit bientôt un qui les dépassa tous. En 1861, l'Académie française honora votre travail d'une mention honorable, et notre Société vit ainsi confirmer, par la plus haute autorité littéraire du pays, le jugement qu'elle avait porté sur votre œuvre deux ans auparavant.

« Cette étude sur le xvıᵉ siècle devait-elle clore votre carrière laborieuse d'érudit ? Non certes.

« Quand vous entreprîtes d'élever à notre poète mâconnais le monument le plus complet, sans doute, que recevra jamais sa mémoire, il y avait longtemps déjà que vous vous étiez fait connaître par une multitude d'écrits sur l'histoire, la biographie, la littérature de la Bourgogne, entremêlés de mémoires sur des sujets de médecine ou d'économie sociale, dont les premiers remontent à l'année 1841 [1]. »

Cette séance de l'Académie de Mâcon, où fut reçu le Dʳ Abel Jeandet, a pris rang dans les fastes de cette Société savante et littéraire, grâce au compte rendu qu'en a publié l'un de ses membres distingués, M. Charles Deton, rédacteur en chef du *Journal de Saône-et-Loire*; en voici quelques passages :

« La séance mensuelle de l'Académie de Mâcon, tenue jeudi sous la présidence de M. Ch. Pellorce, a été particulièrement intéressante [2].

« Mais l'évènement de la séance, c'était la réception de M. le docteur Abel Jeandet (de Verdun), bibliothécaire-archiviste de la ville de Mâcon. Les deux discours prononcés à cette occasion, celui de M. Abel Jeandet et la réponse

---

1. L'honorable président de l'Académie de Mâcon passe en revue les diverses productions d'Abel Jeandet, dont il esquisse à grands traits la vie qu'il encadre dans de hautes considérations morales, philosophiques et critiques, qu'on trouvera dans la biographie du Dʳ Abel Jeandet.
2. Séance du jeudi 31 mai 1883.

du président, M. Ch. Pellorce, ont été tout à fait remarquables.

« Le discours de M. Jeandet est plus qu'un discours, c'est un livre, et un livre des plus intéressants et des plus instructifs.

« Dans une revue habilement agencée, avec tous les charmes d'un style, tour à tour et suivant l'occasion, gracieux, pathétique et imagé, M. Abel Jeandet présente un tableau complet, une sorte de panorama historique et littéraire de Mâcon au XVIe siècle. Rien n'est oublié, aucun fait n'est omis, aucun personnage important n'est laissé dans l'ombre par le savant écrivain, qui a ajouté le fruit de ses recherches et de ses découvertes très heureuses à ce qu'on savait déjà sur le XVIe siècle dans le Mâconnais. L'écrivain commence par tracer à grands traits, impartialement et éloquemment, le récit des guerres de religion dans le Mâconnais. Puis il énumère tous les hommes distingués, guerriers, administrateurs, prêtres et évêques que Mâcon possédait à cette époque. Le défilé en est long et glorieux pour notre ville.

« Tel est le pâle résumé de ce discours qui a été écouté avec l'attention la plus soutenue et souvent interrompu par les applaudissements de l'assistance.

. . . .
. . . .

« C'est une œuvre ! Elle fait le plus grand honneur au talent du savant et judicieux écrivain qui l'a composée. Les Mâconnais doivent être reconnaissants à M. le docteur Abel Jeandet qui a remis en lumière plusieurs de leurs gloires oubliées. Dans sa réponse, M. Ch. Pellorce a payé un juste tribut d'éloges à M. Abel Jeandet. Il a loué en lui le savant laborieux, le bibliophile éclairé, et surtout l'écrivain consciencieux, impartial, patriote, qui ne cherche point dans le passé une arme contre le présent. Le discours de M. Pellorce est une page d'une véritable éloquence ; il a soulevé à plusieurs reprises les chaleureux bravos de l'auditoire. »

On a lieu d'être fort surpris de ne point voir figurer au nombre, nous pourrions dire à la tête des nombreux critiques qui se sont occupés du *Pontus de Tyard* de M. Abel Jeandet, Sainte-Beuve qui, durant près de quarante années, a choisi la poésie française du xvie siècle pour sujet de ses études de prédilection. Nous n'oserons pas nous permettre d'attribuer ce silence à une susceptibilité excessive du maître, blessé de se voir reprendre par un écolier de province, tel que M. Jeandet[1]. Sainte-Beuve, dans un de ses *Lundis*[2], ayant consacré une longue et sérieuse étude sur les œuvres de Louise l'Abé, de Lyon, surnommée *la Belle Cordière*, se décida, enfin, à jeter les yeux sur ce livre de Pontus de Tyard dont il avait entendu dire tant de bien. Voici en quels termes il fait part de ses impressions au public :

« Je ne fais qu'enregistrer l'étude de M. Abel Jeandet

---

1. Voir *Pontus de Tyard*, page 24, sur *La Pléiade*. Sainte-Beuve, dans son *Tableau critique et historique de la Poésie française* au xvie siècle, a consacré à Pontus de Tyard *sept lignes* et une note qu'il a terminée par ce *lapsus calami* : « Le général Thiard qui a marqué dans les Chambres sous la Restauration *est de sa descendance* » (*sic*). Chacun sait que Pontus de Tyard appartenait à l'Église et mourut évêque.

2. Journal *Le Constitutionel*, du 23 février 1863, etc. ; *Nouveaux Lundis*, t. IV, Paris, Lévy, 1875.

sur le savant Pontus de Tyard[1], poète, philosophe, mathématicien, astronome, qui savait tout, de qui l'on avait pu dire, en parodiant (sic) le mot d'Ovide : *Omnia Pontus erat*, et qui, devenu dans sa vieillesse évêque de Chalon, s'honora par son courage en face de la Ligue.

« Sans doute, le biographe tire un peu à lui et pousse le plus haut qu'il peut dans l'ordre des poètes son cher Pontus : mais il n'y a pas à cela grand mal, si le goût, d'abord, s'étonne et souffre d'un peu d'excès dans la louange, les choses ensuite se rétablissent aisément, et l'on y a gagné, au total, de mieux connaître son vieil auteur. »

Il faut avouer que ces lignes échappées à la plume de l'un des quarante de l'Académie française ne sont académiques ni par le fond, ni par la forme, et laissent beaucoup à désirer sous tous les rapports. Aussi n'ajouterons-nous pas que M. Sainte-Beuve a négligé d'apprendre à ses lecteurs que le livre de M. Abel Jeandet avait été qualifié de bijou de bibliophile, en raison de son exécution typographique et qu'après avoir été couronné par l'Académie de Mâcon, il a obtenu une mention honorable au concours de l'Institut de France sur 85 concurrents[2] !

---

1. Pontus de Tyard, seigneur de Bissy, depuis évêque de Chalon, par J.-P. Abel Jeandet, 1 vol., 1860, chez Aubry, rue Dauphine (cette note est de Saint-Beuve, qui n'a pas même pris la peine de transcrire exactement le titre du Pontus de M. Abel Jeandet).

2. Ce concours de 1861 fut l'un des plus importants qui avaient eu lieu depuis quatre années; en 1857, l'Académie des Inscriptions et Belles-Lettres avait reçu 26 ouvrages, en 1858, 64, en 1860, 68 ; et en 1861, année où le livre sur Pontus de Tyard concourut, il y eut quatre-vingt-cinq concurrents ; 55 furent éliminés, 30 seulement ont été admis. Dans son rapport sur ce concours, M. Alfred Maury s'exprima en ces termes : « ...Les concurrents supposeraient à tort qu'on a droit à nos récom-

Comment ce dernier détail a-t-il pu paraître insignifiant à un bibliophile tel que Sainte-Beuve ?

On a vu que le dédain de M. Sainte-Beuve pour le beau et bon livre de M. Abel Jeandet n'a point fait école ; quinze ans après sa publication, un littérateur des plus compétents, M. Charles Marty-Laveaux, se plaisait à lui donner des éloges et le consultait pour son grand travail sur la Pléiade [1]. Cet auteur a poussé la délicatesse et les bons procédés jusqu'à faire mention *onze fois* de M. Abel Jeandet ; et sur un point où il réfute une opinion du biographe de Pontus de Tyard, il a la courtoisie de s'exprimer en ces termes : « Il en coûte de s'écarter du sentiment de M. Jeandet qui a si profondément creusé tout ce qui touche à la biographie de Pontus de Tyard, mais ici nous ne saurions être de son avis..... »

Voici l'opinion de M. Marty-Laveaux sur la biographie de Pontus de Tyard, par M. Abel Jeandet :

« Notre tâche de biographe, d'ordinaire assez laborieuse, se trouve singulièrement simplifiée, grâce aux savantes recherches de M. Jeandet, que nous avons dû citer dès

---

penses par cela seul que l'on parle de notre histoire. Ces aperçus rapides, ces descriptions parfois intéressantes, ces résumés élémentaires qui instruisent mais n'ajoutent rien à la science, n'appartiennent pas à la catégorie des travaux sur lesquels nous avons à nous prononcer. Nous réservons nos mentions honorables pour des œuvres qui exigent plus de labeur et de pénétration. »

1. *In La Pléiade française* : Ronsard, Du Bellay, Belleau, Jodelle, Baïf, Dorat, Pontus de Tyard, avec une étude sur la langue de ces poètes, un glossaire, des notices biographiques et des notes, par Ch. Marty-Laveaux. — Paris, Alphonse Lemerre, éditeur, 1875-1882. 11 vol. in-8º, de 400 à 600 pages chacun, imprimés sur papier de Hollande, etc. Chaque volume tiré à 250 exemplaires numérotés.

la première ligne de cette notice, et dont nous n'aurons que fort rarement à nous écarter... » (Notice biographique sur Pontus de Tyard, en tête des œuvres poétiques de Pontus de Tyard, avec une notice et des notes par Ch. Marty-Laveaux.)

M. Abel Jeandet dut être heureux et flatté du succès que son livre avait obtenu. Outre les éloges qu'il a reçus, il fut honoré des souscriptions de M. le Ministre de l'Intérieur, de M. le Préfet du département de Saône-et-Loire, enfin de celle du conseil municipal de Verdun, patrie de l'auteur. La délibération que prit le conseil en cette occasion mérite d'être consignée ici, car c'est un évènement dans les fastes de cette petite ville qui n'avait jamais eu à délibérer sur un pareil sujet.

Extrait du Registre des délibérations du conseil municipal de la ville de Verdun-sur-le-Doubs, session légale de mai 1860.

« Le maire expose au Conseil que l'Académie des Sciences, Arts, Belles-Lettres et d'Agriculture de Mâcon a, dans sa séance publique du 19 janvier 1860, décerné le prix consistant en une médaille d'or de la valeur de 300 francs au meilleur Mémoire sur la question suivante : *Etude sur Pontus de Tyard, évêque de Chalon et poète mâconnais surnommé de son temps l'Anacréon français ;*

« Que ce prix a été mérité et obtenu par M. Jean-Pierre-Abel Jeandet, médecin, né et domicilié dans la ville de Verdun-sur-le-Doubs ;

« Que M. Jeandet faisant éditer l'ouvrage qui lui a valu cette insigne récompense, il croit être l'interprète des sentiments de ses collègues de l'administration en leur proposant de donner au lauréat un témoignage public de félicitations, et d'associer la Ville au succès de l'œuvre de l'un de ses enfants.

« Cette communication faite, le Conseil accueille avec empressement la proposition du maire; il féliciteM. Jeandet de l'étude qu'il a faite sur le xvie siècle en Bourgogne et sur notre illustre compatriote Pontus de Tyard.

« Et pour donner au citoyen qui, tout en s'illustrant, honore son pays, une marque de satisfaction et d'encouragement, le Conseil municipal, au nom de la Ville, souscrit à vingt exemplaires du livre de M. Jeandet.

« Ainsi fait et délibéré, et les Membres ont signé après lecture, à la fin de la séance.

« Pour extrait conforme,
« *Le Maire* :
« *Signé* GAURIOT. »

Vu et approuvé.
Mâcon, le 5 juillet 1860.
Le Préfet de Saône-et-Loire, H. PONSARD.

Les poètes contemporains d'Abel Jeandet, qui avaient fait revivre le poète Pontus de Tyard, lui en témoignèrent leur gratitude, comme le prouve le sonnet suivant :

PONTUS DE TYARD

« Amour immortel. »　　　　« Solitudo mihi Provincia est. »
(*Devise du Poète érotique.*)　　(*Devise du Philosophe.*)

SONNET
A mon ami J.-P. ABEL JEANDET (de Verdun).

N'ayons pas trop d'oubli pour les grands d'autrefois,
Car, souvent, nos dédains couvrent une injustice ;
Plus d'un talent vieilli n'est pas toujours factice...
Le chercheur trouve l'or sous d'informes gravois.

> C'est ainsi que PONTUS, victime d'un caprice,
> D'une muse barbare ou rebelle à sa voix,
> A vu, depuis Ronsard, crouler son édifice ;
> Pourtant, son cœur est vaste et son esprit de choix !
>
> Par lui, du court sonnet la France fut dotée ;
> La Dame de son cœur, la *docte* Pasithée,
> N'apprit dans ses vers purs que l'amour immortel.
>
> Tous les arts ont tenté sa souple intelligence,
> Sa prose a, pour voler, l'aile de l'éloquence...
> Ami, tu fais donc bien d'éclairer son autel !
>
> Paris, 16 mai 1860.
>
> Louis GOUJON, de Chalon-sur-Saône.

Le *Pontus de Tyard*, d'Abel Jeandet, finit par attirer sur son auteur l'attention des critiques les plus autorisés dans les grands journaux de Paris. On y lit, non sans étonnement, sous la signature : « FORTUNIO[1] », pseudonyme connu dans la république des Lettres, un article de fond, portant ce titre humoristique, sous la rubrique : GAZETTE DE PARIS : « UN HÉROS DE BALZAC. »

Nous ne pouvons nous dispenser de reproduire ici les principaux passages de cet article :

« *Errare humanum est*, mais ce sont surtout les gens de lettres qui se trompent le plus souvent, qu'ils appartiennent,

---

[1]. L'homme de lettres, le journaliste et le romancier si connu sous le pseudonyme de *Fortunio*, qu'on a pu lire en tête de tant de productions littéraires, et surtout de romans dont la plupart eurent un grand succès, justement mérité, est M. Paulin Niboyet, ancien consul général de France. C'est une des illustrations de Mâcon, où il naquit le 22 juin 1825. Il eut l'honneur d'être remarqué par son immortel compatriote Lamartine.

d'ailleurs, à l'imprimerie ou à la plume. Ainsi, l'autre jour, en parlant de l'abbé Roussel et de son œuvre, je citais le beau journal que celui-ci avait créé à son orphelinat d'Auteuil, il y a déjà dix ans; que composent et tirent les jeunes « arabes » de la grande ville, dont il a su faire d'habiles typographes, et je le nommais la *Famille illustrée*, quand, en réalité, c'est la *France illustrée* qu'il s'appelle. Je confesse mon erreur et je la répare, au lieu de la mettre sur le compte d'une coquille. Mais, au fond, pourtant, esprit généreux, n'est-ce pas la même chose, et la *France* n'est-elle pas une grande *Famille illustre* ou *illustrée*, de Dunkerque à Marseille, de Brest à Nancy ? Qui dit l'une dit l'autre, et partout nous sommes bien les mêmes, du Nord au Midi, de l'Est à l'Ouest, quelles que soient les différences de couleurs qui nous séparent, absolument comme le ciel n'en reste pas moins le ciel, malgré les nuances diverses qui en font parfois un brillant kaléidoscope.

« La meilleure preuve, c'est que les arts et les mœurs, chez nous, ont partout le même cachet d'élévation, de finesse et de distinction, quel que soit le lieu de leur naissance, et avant même d'être venus se perfectionner à Paris, cette moderne Athènes, dont Brives-la-Gaillarde ou Carpentras eux-mêmes ne sont plus jaloux depuis qu'ils savent que le baptême de la capitale ne leur est jamais refusé...

« Ce que l'on peut regretter, je crois, à un autre point de vue, c'est que la province n'organise pas, dans ses grandes villes, autant de foyers littéraires, poétiques ou musicaux, qui finiraient par s'imposer, et obligeraient quelquefois Paris à leur faire des emprunts. Il est certain, d'ailleurs, que le vrai talent, comme la vraie science, abondent partout en

France, et qu'il n'y a, pour ainsi dire, qu'à frapper le sol non d'une baguette féerique, mais du talon d'une botte autorisée, pour en faire sortir toute une légion d'artistes, de musiciens, d'écrivains.

« Permettez-moi de vous présenter aujourd'hui un de ces derniers, un véritable « héros de Balzac », qui est, certes, en même temps un apôtre du bien, un savant, un historien et un biographe, qui jouit d'une célébrité locale bien méritée, mais que Paris devrait aussi apprendre à connaître et à aimer. Je veux parler du docteur Abel Jeandet, de Verdun, que notre confrère F. Fertiault a salué d'un sonnet, rendant à la fois justice à une ville et à un homme :

> Oh ! comme on t'a sevré, las ! de ta part de gloire !
> Comme un souffle fatal a rasé tout ton bien !
> Dans ces livres menteurs, où l'on écrit l'histoire,
> L'Envie a dit tout bas : « Toi, tu ne seras rien ! »
>
> Et tu n'es rien, Verdun, nul de toi n'a mémoire,
> Pauvre petit pays, sans aide et sans soutien !
> Quand nous parlons de toi, chacun rit sans nous croire,
> Pourtant nous deux Abel, Verdun, nous t'aimons bien !
>
> Nous t'aimons tant qu'un jour nous voulons qu'on t'admire :
> Sa plume filiale a pris pour point de mire
> Tes jours de vie ardente et ton riche passé ;
>
> Ranimant tes soldats, dressant tes vieilles pierres,
> Il va te reconstruire entre tes deux rivières...
> Doux pays, de nos cœurs tu n'es point effacé !

« C'est dire que le docteur Abel Jeandet est né à Verdun et qu'il est de ceux qui croient fermement « qu'il n'y a pas sur le vaste sol de France de contrée plus riche en souvenirs historiques que notre belle Bourgogne ». Comme je suis de Mâcon et, comme cet excellent docteur, un des admirateurs de Lamartine, mon cher compatriote me permettra bien de partager son opinion. Quoi qu'il en soit, d'ailleurs, cet écrivain distingué et ce savant modeste, qui fit ses études médicales à Paris, rêva en 1848 toutes les choses excellentes auxquelles on aspirait alors ; mais bientôt, désabusé de la vie publique par les excès, les folies et les apostasies de son entourage politique, il rentra dans sa ville natale et s'y consacra tout entier avec son père, un autre médecin illustre de Verdun, aux devoirs de sa profession.

« Tous deux allèrent bravement ensemble au feu, lors de la terrible épidémie cholérique de 1854 ; et quand la bataille meurtrière fut terminée, le conseil municipal leur vota d'enthousiasme des remerciements chaleureux pour leur conduite héroïque. A la mort de son père, il continua toutes les mêmes œuvres charitables et gratuites, que ce dernier avait rendues populaires dans le département de Saône-et-Loire ; et comme il y avait du soldat en lui, il transforma sa maison en ambulance, pendant le rude hiver de 1870-71, pour y recevoir et y soigner les blessés et les malades de nos armées de la Loire et des Vosges. A la suite de cette nouvelle et brillante campagne patriotique et médicale, on lui offrit une double candidature ; mais il refusa en ces termes sincères et émus : « Fatigué par vingt années de luttes incessantes, je me sens fléchir sous les coups du sort qui accable notre malheureuse et pauvre patrie. Certes, ma foi n'est pas éteinte, mais mes forces sont épuisées et mon âme est triste jusqu'à la mort. »

« Maintenant, il médite, il étudie à nouveau, au milieu de l'anarchie dissolvante du présent, les questions politiques et sociales, qu'il croyait avoir résolues dans sa jeunesse ; il s'occupe exclusivement de travaux historiques et littéraires, regrettant sans doute que la génération de Lamartine, à laquelle il appartenait et il croyait, ne soit plus là pour voir, hélas ! combien il y a loin de la coupe aux lèvres, du rêve brillant à la réalité décevante. Auteur de nombreux et importants ouvrages, il est aussi celui de *Pontus de Tyard*, un long volume trop court, qui a une valeur et un intérêt incontestables. Seulement, absorbé par les devoirs de sa profession, l'excellent et charitable docteur n'ambitionne rien de plus que le modeste titre, dans son sens patriarcal et dévoué, de « Médecin de campagne ». Oui, quand il a couru toute la journée, qu'il s'est levé la nuit, qu'il a visité les ouvriers malades, les mères pauvres, les enfants souffreteux, les vieillards impotents, c'est en revenant de ses longues courses, de ses tournées aussi fatigantes que désintéressées, qu'il consulte ses documents et prend la plume en guise de repos.

« Avouez qu'une semblable existence et celle de l'abbé Roussel, dont je parlais la semaine dernière, sont bien faites pour consoler un peu de vivre, même en ce temps de matérialisme, d'athéisme, d'anarchisme et de nihilisme. Le fondateur de « l'orphelinat d'Auteuil » va chercher, jusque dans nos égouts, les petits « arabes » de nos rues, pour en faire des hommes et des travailleurs. Le docteur Abel Jeandet, lui, reconstruit les archives de son département et l'organisme de ses malades. L'un et l'autre s'occupent des déshérités de la fortune et font de la littérature aux heures de liberté que leur laisse la mission de charité et de dévouement qu'ils accomplissent. Ah ! on a eu raison de dire que

« Dieu protège la France », car tant qu'il lui laissera de semblables soldats de l'armée du Bien, il n'y aura pas à désespérer d'elle.

« Le chancelier de fer de Berlin, dont nous avions eu tort de ne pas prendre assez au sérieux la grande cuirasse, pourra la menacer de nouveau, ses propres enfants terribles pourront encore la faire souffrir, quelques nuages pourront rester à son horizon; mais tenez pour certain que le soleil luira toujours pour elle, et qu'elle se relèvera, plus grande, quoique meurtrie, de l'épreuve qu'elle traverse.

« Pour en revenir à mon honorable compatriote, le docteur Abel Jeandet, ce n'est plus à Verdun, aujourd'hui, qu'il poursuit sa double mission de bénédictin et de médecin des pauvres, c'est à Mâcon, dont il est devenu le conservateur et l'archiviste, et où, récemment encore, il a été couronné lauréat de l'Académie. Il faudrait une colonne au moins pour enregistrer tous les travaux de ce savant modeste, de cet artiste consciencieux, de ce philanthrope sans le savoir, qui passe sa vie à faire le bien, à soigner les malheureux et à écrire des livres... Cette manière de faire de la copie est trop commode, et je préfère donner tout naïvement, tout bonnement, le sage conseil « à qui de droit », comme on dit dans le langage des chancelleries, de lire le *Causeur bourguignon*, une intéressante revue fondée par son fils, à Mâcon, qu'on pourra facilement se procurer même à Paris, et dont l'auteur estimé de *Pontus de Tyard* est un des *leaders* favoris, surtout pour la partie littéraire et scientifique.

« Vous le voyez donc, chers lecteurs (je voudrais pouvoir ajouter aussi aimables lectrices), il y a encore de beaux jours pour la *France illustrée*, ou simplement *illustre*, puisque l'abbé Roussel, à Auteuil, et le brave docteur Abel Jeandet, à Mâcon, défendent la même cause, c'est-à-dire celle du progrès et de l'humanité. Leurs armes sont différentes, sans doute, mais leur but reste semblable, et c'est Dieu qui sera le juge du camp !

FORTUNIO.

Extrait du journal *La Patrie*, 12 mars 1884.

Rien n'a manqué à la fortune et à la renommée du livre dont nous venons de tracer la bibliographie : ce fut au point qu'il tenta et séduisit un savant bibliophile parisien (dont nous tairons le nom) qui, pour parfaire un article sur les poètes du XVIe siècle, a COPIÉ textuellement (en 1868), sans le dire ni l'indiquer, un long et charmant morceau du *Pontus de Tyard* d'Abel Jeandet !

En terminant cette étude bibliographique, nous constaterons, avec étonnement, que pas un seul des nombreux critiques qui se sont occupés du livre de M. A. Jeandet n'a signalé une omission commise par ce laborieux chercheur.

Il s'agit d'une édition d'un premier discours de Pontus de Tyard, publié par lui, en 1585, sur l'Oraison dominicale, et dédié « au Roy de France et de Pologne Henri III ».

Dans sa dédicace au Roi, Pontus de Tyard s'exprime en ces termes :

« ... Si j'aperçois, Sire, ce premier livre agréer à Vostre
« Majesté, et que ceste façon peu ou point usitée, que je
« sache, entre ceux qui escrivent de telle matière, en nostre

« langue, vous semble bonne : Je continueray avec l'aide
« de Dieu... etc., etc. »

Ce fut ce que fit Pontus de Tyard, l'année suivante, en 1586, époque où il publia le volume in-8° d'*Homiliés*, mentionné à la page 217 du *Pontus de Tyard* d'Abel Jeandet.

Il est fâcheux que ces écrits religieux de Pontus de Tyard aient été négligés par tous les biographes de ce savant et pieux évêque de Chalon-sur-Saône, sans en excepter M. Abel Jeandet.

Le petit ouvrage de Pontus de Tyard qui fait le sujet de cette rectification est très rare : c'est un vol. in-12, de 80 feuillets (160 pages), non compris 4 feuillets occupés par le titre, la dédicace au Roi, et deux petites pièces en vers, l'une grecque, l'autre latine, adressées à Pontus de Tyard, par le poète *Royal* J. d'Aurat.

www.ingramcontent.com/pod-product-compliance
Lightning Source LLC
Chambersburg PA
CBHW070310100426
42743CB00011B/2429